世界記憶力グランドマスターが教える

脳にまかせる超集中術

池田義博
Yoshihiro Ikeda

ダイヤモンド社

はじめに

集中脳を手に入れて、勉強や仕事のパフォーマンスを上げる！

結果を出している人とそうでない人との違いはどこにあるのでしょうか？

個々の能力の差は関係ありません。むしろ、個人の能力以上に必要不可欠な力が働いています。

誰でも簡単に得られる能力であり、個人の能力を凌駕するものです。

私は、記憶力日本選手権大会のチャンピオンであり、日本人で初めてとなる「世界記憶力グランドマスター」の称号を獲得しました。

特別、記憶力に長けていたわけではありません。何かを覚える能力に関しては、皆さんとほとんど変わりがないと、本心から思っています。

ある能力に注目して、その能力を伸ばすことに成功したのです。

その能力こそ、**「集中力」**です。

集中力こそ、無数に存在するあらゆる能力の上に立つ究極の能力です。

今、皆さんはいろいろな立場にいると思います。要求される能力もさまざまでしょう。

勉強しなければならない立場の人なら「学習能力」、スポーツ選手であれば「運動能力」、またビジネスであれば「プレゼン力」や「企画力」などが重要になってくるはずです。さらに、クリエイティブな仕事をしている人は、「想像力」や「発想力」は外せないでしょう。

それぞれの分野や立場によって、必要な能力は数多く存在しますが、これらの能力も集中力が低い状態では、高いレベルのパフォーマンスを発揮することは非常に困難です。

かくいう私も最初からこのことに気づいていたわけではありません。

記憶競技で使う記憶のテクニックは毎回同じで、基本的に使うのは「脳」だけです。にもかかわらず、ある大会において、大失敗といえるほどの結果となったことがありました。

最初はただただショックでしたが、その後に大きな大会を控えていたため、「なぜこんな結果になったのか」を分析してみました。

そして、自分なりに出した結論が、「集中力のコントロールがうまくできなかった」でした。

私なりに考えた集中力とは、この5つです。

- すぐに取りかかれる力
- 周りを気にしない力
- 思考がぶれない力
- 長い時間、取り組める力
- 最高のパフォーマンスを発揮できる力

これは、どれも私の得意とするところではありませんでした。
集中の持続時間は短く、散漫になりがち。また、一度他のことに気を取られると意識をなかなか元に戻せない、といった感じでした。

そんなとき、ある疑問が浮かんできました。

「集中力を生みだす場所はどこなのだろう?」

記憶競技に関わるようになり、記憶の仕組みについていろいろ調べていた私は、すぐに思い当たりました。

「集中力を生みだす場所は『脳』に違いない！」

それを思いついた瞬間、「これならできる！」と確信しました。なぜなら、**「脳は鍛えることによって変化する」**ことを知っていたからです。

脳の性質に従って正しいトレーニングをしていけば、**「誰でも」「いつからでも」高い集中力を発揮できる「集中脳」をつくる**ことができます。

そこで、集中力を生みだす源泉であり、集中力を支える「柱」を見つけ出し、それらを鍛えることで、集中力を向上させる方法をとることにしました。

その柱とは、**「メンタル」「注意力」「モチベーション」「コンディション」**の４つです。

本書では、私が実際に取り入れて効果があった方法をお伝えしていきます。その方法は誰でも簡単に取り入れることができるものばかりです。

第1章では「メンタル」を整える方法、第2章は「注意力」を鍛える方法、第3章は集中力を高める「モチベーション」の生みだし方、そして、第4章では集中力をアップする「コンディション」を向上させる方法を紹介しています。

私自身、これらのトレーニングで集中力がアップし、記憶力の大会で連覇を果たしました。また、**勉強や仕事のパフォーマンスも向上し、それらを苦にせずこなすことができるように**なりました。

ぜひ本書のトレーニングで「集中脳」を手に入れてください。

必要なとき、すぐに集中力を高めることができる「集中脳」があれば、皆さんも1時間はおろか、2時間、さらにはそれ以上、集中の持続が可能になるでしょう。

本書は必ずやその道標となってくれます。

それではさっそく始めることにしましょう！

世界記憶力グランドマスターが教える

脳にまかせる超集中術

目次

序章

なぜ、集中力を長時間、持続することができるのか？

第1章

「メンタル」をコントロールすることで、集中力を上げる

第2章 「注意力」を上げることで、意識を集中させる

第3章

「モチベーション」を高めて、集中力を高める

第４章 「コンディション」を向上させて、高い集中力を発揮する

序章

なぜ、集中力を長時間、持続することができるのか？

なぜ3時間も続けて集中力が保てるのか？

みなさんはご自分の集中力に自信がありますか？

どのくらい続けて、集中をキープできるでしょうか？　5分？　10分？　それとも1時間以上でしょうか？

自信のある方でも、「3時間、集中力をキープしなさい」といわれたら、どうでしょう。

世の中には、記憶力を競う大会が存在します。記憶競技と言いますが、簡単に説明すると、よく切ったトランプの順番、人の顔と名前、ランダムに並んだ数字、無作為に選ばれた単語などを制限時間内にできる限り、たくさん記憶するというものです。

そして、世界最高峰の大会が、年に1度行われる「世界記憶力選手権」です。世界中から記憶力に自信のある選手たちが集まり、3日間にわたって10種目の競技を行います。種目により制限時間は変わりますが、1番長いものになると記憶時間1時間、回答時間2時間の合計3時間にも及びます。

私も2度ほど世界記憶力選手権に参加していますが、トランプで10組以上、数字であれば1000以上の順番の記憶に成功することができました。

この結果を出すためには、記憶時間と回答時間の合計3時間を要します。ランクが下の選手たちは、回答時間が終了する前に退席していきますが、上位の選手たちは最後まで席を立ちません。

競技が終了すると、さすがにふらふらになります。量ったことはないですが、体重も結構減っているのではないでしょうか。

私はもともと集中力が備わっていたわけではありません。すぐに他のことに気を取られる飽きっぽい性格でした。

40代でこの記憶競技に出合ってから、集中力を身につけたのです。

どんな分野においても、成功するためには必ず集中力が必要です。ビジネス、スポーツ、芸術、アカデミックな分野で名を馳せている人たちは、必ずと言っていいほど、人並み外れた集中力を持っています。

逆に考えると、**集中力を手に入れることができれば、今いる場所から1段も2段もレベルアップすることが可能になる**のです。

そして、私自身も本書で紹介するトレーニングによって、記憶力、さらにそれの基になる3時間でもキープできる集中力を手に入れることができたのです。

記憶力日本一になる

もともと理数系のエンジニアだった私は、記憶力について無関心でした。自分は記憶力があるほうなのか、記憶力を上げる方法があるのかなど、まったく考えたこともなかったのです。

そんなあるとき、父親の死をきっかけにエンジニアをやめ、家業の塾を継ぐことになります。その後、何か新しいカリキュラムを導入しようと考えていた私は、情報を集めていくなか、「記憶術」という言葉を偶然目にしたのです。

私の記憶術に対してのイメージは、「なんとなく怪しい」といったものでした。ところがよくよく調べてみると、記憶術は脳の仕組みを利用したれっきとした技術であることがわかったのです。

記憶とは脳で行われます。ということは、脳の中には物事を記憶するための仕組みがあるはずです。記憶術とは、その仕組みを利用して具体的な方法に落とし込んだものだったのです。

こうして記憶術を学び始めた私は、すぐに惹かれていきました。なぜなら記憶術を使えば、いとも簡単に大量の情報を覚えることができたからです。

やがて、塾へのカリキュラム導入より、興味は自分の能力開発に移っていきました。

そんなとき、記憶力を競う大会があることを知ります。「記憶力日本選手権大会」と銘打ち、年に一度、２月に奈良県の大和郡山市で記憶力日本一を決める大会が開催されていたのでした。

そして、初出場した大会でなんと、優勝することができたのです。

普通の塾の先生が、記憶力日本一になった瞬間でした。

同じ大会に出場した選手たちと、いろいろ情報を交換するうちに、この記憶競技のメインの舞台は国際大会であることを教えてもらいました。

テニスやゴルフの世界と同様に、世界各国でオープン大会(外国人も参加可能な大会)が行われているというのです。

自分の実力はどれくらいのものか、海外の大会で試してみたくなりました。

国際大会について調べてみると、思考ツールとして有名な「マインドマップ」の発明者、トニー・ブザン氏が設立し、代表を務める「世界記憶競技協会」(World Memory Sports Council)が中心となり、世界中に記憶競技を広める活動をしていました。さまざまな国に下部組織があり、そこでオープン大会が開催されているのです。

オーストラリアのメルボルンで開かれる「オーストラリアオープン大会」に参加を決めましたが、国際大会では日本の大会の2倍の10種目が用意されています。

2日間の競技が終わってみると、なんとここでも優勝することができたのです。

さらにこの世界について調べていくと、記憶競技で最も大きい大会は年に一度行われる

「世界記憶力選手権」であることを知りました。

香港大会の惨敗で気づいたこと

世界記憶力選手権は毎年12月に開催され、会場となる国を毎年変えます。私が出場を決めた年の開催地はイギリスのロンドンでした。

競技種目はオープン大会と同じく10種目なのですが、各種目の競技時間が長くなります。そのため、競技は3日間にわたって行われます。

初出場するにあたって、この大会での目標は明確でした。

それは「記憶力のグランドマスターの称号を獲得する」ことでした。

記憶力のグランドマスターとは、世界記憶力選手権に出場し、ある条件をクリアすると与えられる記憶の達人の証しなのです。それまで22年間世界選手権が行われてきましたが、日本人でグランドマスターの称号を獲得した人はひとりもいなかったのです。

グランドマスターになるための条件は3つあります。

①バラバラに切った1組のトランプのカードの順番を2分以内に記憶し、5分以内で再現すること。

②同じくトランプですが、今度は記憶時間1時間、回答時間2時間でバラバラに切った10組以上のトランプの順番を記憶し再現できること。

③ランダムに並んだ数字を記憶時間1時間、回答時間2時間で1000以上記憶し再現できること。

この3つの条件をすべてクリアして初めて獲得できるのです。

この目標に向かって練習を開始したのですが、大会までにだいぶ期間があったので、本番の勘を鈍らせないために、香港でのオープン大会に参加することにしました。結果的には、この香港大会に参加したことが、集中力を身に付ける大きなターニングポイントになったのです。

その年の2月に記憶力日本一になり、続くオーストラリアの大会でも優勝していた私は、自信満々で香港に乗り込みました。
しかし、結果はさんたんたるもので、記憶力以前に問題があることは明らかでした。

- 覚える対象がいっこうに頭に入らない
- いったん気が逸れると、なかなか競技に意識を戻すことができない
- 不安と心配に襲われ、その度に緊張し、悪循環に陥ってしまった

これは早急に対策を考えないと、と問題点を洗い出すことにしたのです。

記憶力以前に必要な能力

記憶競技とスポーツとでは、決定的に違う部分があります。スポーツは基本的に「体」を使うのに対し、記憶競技は「脳」しか使わない点です。

いわば頭脳スポーツといったところでしょうか。チェスや将棋、碁といったものがあり

ますが、これらも脳を中心に使うという点で共通しています。

体を使うスポーツも頭脳スポーツも、競技中に求められる能力はさまざまです。瞬発力、持久力、判断力、想像力、思考力……。まだまだ他にもたくさんあることでしょう。

どの競技においても、高いレベルのパフォーマンスを発揮するためには、共通したある能力が必要です。


その能力こそ、**「集中力」**です。


集中力はすべての能力のエンジンです。高いレベルの集中力が発揮できない限り、どんなに優れた能力を持っていても、本領を発揮することは難しいでしょう。

脳を使う記憶競技においても、集中力はパフォーマンスに大きな影響を与えます。

香港での惨敗は、記憶力の差というよりも、「集中力」の差だったのです。

それまでは重要視してこなかった「集中力」を、世界記憶力選手権までに早急に研究し、高める必要が出てきたのです。

「集中力」は4つの柱でできている

「集中力」といっても、あまりにも漠然としていて、つかみどころがないと正直思いました。

それがどんな能力かは、なんとなくイメージできるのですが、単純にこれをすれば集中力自体が向上するといった方法があるとは、とても思えなかったのです。

そこで、いくつかの要素が存在していると仮説を立ててみました。それぞれの要素が見つかれば、それらを個別に鍛えることによって、最高の集中力を発揮することができるはずです。

惨敗した香港大会をモデルにして自分がとったアプローチを再現し、そこから鍛えるべき要素を探ることにしました。

1つめの柱「メンタル」

記憶力日本一となり、続く初めての国際大会オーストラリアオープンでも優勝した私は、かなり自信を持って香港大会に臨みました。

しかし、競技前にイメージしていた「自分はできる」という感覚と競技が始まってすぐに感じた「いつもと何か違う」という感覚とのギャップが、軽いパニックを起こさせたのでした。

このときはまだ、3度目の挑戦です。経験が少ないため、何が起こっているのかわからず、俗にいう頭が真っ白になってしまいました。

この状態になると、当然ながら、著しく記憶の能力が低下します。

大会2日目になると、今度は不安が襲ってきました。「今日も調子が出なくてひどい結果になったらどうしよう」という気持ちを払拭することができず、不安が緊張を呼び、また不安になるという悪循環を繰り返しました。

結局、心の動きの波に翻弄され続けて、2日間の競技が終わりました。

これらのことから、**集中力を発揮するためには、メンタルのコントロールがとても大きく影響している**ことを実感できました。

間違いなく「メンタル」の安定が集中力の構成要素の1つであることを確信したのでした。

◉2つめの柱「注意力」

勉強や仕事で、「今日は長い時間、集中できたなあ」と感じることがあります。

しかし、その時間ずっと同じレベルの集中が続いていたかというとそうではありません。集中のレベルは一定ではなく、高くなったり低くなったりを繰り返しています。

課題や作業が長時間にわたる場合には、この波をうまくコントロールする必要があります。

脳しか使わない記憶競技をしていると、このことがより強く実感できます。

香港大会での私は、この点でも失敗していました。

その日は会場の隣の学校から賛美歌が聞こえてきたのです。それは本当にかすかな音量でした。調子がいいときであれば、音に気づいても、すぐに競技に意識を戻すことができます。しかし、そのときの私は意識を戻そうとしても、どうしても音が気になって目の前の競技に集中することができませんでした。

これが引き金となり、音が流れなくなってからも雑念が浮かび、かなり苦労しました。

これによるタイムロスも大きかったと思います。

集中レベルは一定ではないので、作業の途中で集中度が低くなっても構わないのです。

大事なのは、そのとき、自分の集中が低くなっていることに気がつけること、よくいわれる「メタ認知能力」が働くかどうかなのです。これが働かないと、いわゆる「うわの空」の状態になってしまいます。

このことから**意識が逸れそうになったら、それに気づき、さらにその意識を元に戻せる「注意力」が、集中力のキープには欠かせない要素である**と考えました。

◉3つめの柱「モチベーション」

前に書いたように、香港大会に出場を決めた理由はその後開催される世界記憶力選手権で記憶力のグランドマスターを獲得するためであり、本番の感覚を忘れないためでした。つまり、香港大会自体に対しては、明確な目標設定がされていなかったのでした。

今の私であれば、**何か目指すものがあるときにはまず大きな目標を立てます。**その目標と現在の状態のへだたりからそれを埋めるべく、ゴールから逆算して綿密に戦略を考えます。そして、最後に**目標を達成するためにやるべきことを日課レベルまで細かく具体化して設定します。**

そうすることによって、**やる気を持って日々の課題に取り組むことができます。**なぜなら、それがゴールとつながっていることが、脳で理解できているからです。やる気を持って課題に取り組めるため、練習でも仕事でも、毎回内容の濃いアウトプットにつながり、それが積み重なって、最終的には目標達成に近づくことになります。

モチベーションが低い状態で行う課題のパフォーマンスは極端に低下します。目標を例に挙げましたが、これ以外にも「モチベーション」を高める要素はたくさんありました。

4つめの柱「コンディション」

今まで紹介してきた3つの柱は、すべて自分の中から生み出されるものです。しかし、**集中力は外からの影響もとても大きい**のです。

香港大会では、会場の温度が影響しました。

大会は9月開催で香港はまだ暑いために、会場はクーラーがついていたのですが、非常に寒かったのです。記憶のためには環境の温度は低めがよいのですが、このときは冷えすぎでした。これも集中力低下の1つの要因であることは間違いありません。

少し前に会場に音が流れてきた話をしましたが、音も集中力に影響を与える外部からの要因です。勉強や仕事をしているときに、音は集中力とどう関係しているのでしょうか。

これ以外にも外部から集中力に影響を与える要素はたくさんあるはずです。それらも検討の対象から外すわけにはいきません。

最適な集中環境を構築するためにも、それらの要素を探し出す必要がありました。

やはり決め手は「脳」だった

こうして集中力を構成する「メンタル」「注意力」「モチベーション」「コンディション」の4つの柱を見つけることができました。あとはこの柱をいかに頑丈にしていくかです。そのために、柱を構成している要素を探り、集中力アップにつながる具体的な方法を見つけていきました。

そして、それらの方法を用いてトレーニングを続けた結果、世界記憶力選手権で最も時間の長い競技である「1時間ナンバー」「1時間カード」においてそれぞれ3時間、合計6時間にわたって集中を切らすことなく、グランドマスター獲得の条件である1000以上の数字の記憶、10組以上のトランプの記憶に成功することができたのでした。

最大の成果は、何といっても初優勝から出場した4度の記憶力日本選手権大会すべてで優勝することができたことです。集中力が関係しているのは言うまでもありません。


集中力について調べていくと、さらに面白いことがわかりました。

「記憶力」とは別の能力である「集中力」ですが、**集中力を高めるということは、脳の特性にかなり依存している**ことがわかったのです。やはり、**集中力を高める決め手も「脳」だった**のです。**脳の特性にあった方法をとることが、集中力向上の近道なのです。**

次の章からは、それぞれの柱に対してどうすれば能力向上ができるのか、その具体的な方法をお伝えしていきます。

第1章

「メンタル」をコントロールすることで、集中力を上げる

今回、柱を４つに設定しましたが、「メンタル」が集中力に一番効いてくると考え、最初にお伝えすることにしました。

本書での「メンタル」とは、ポジティブな面でもネガティブな面でも集中を左右する「意識」や「感情」を指します。

日常生活でイライラやストレスがあると、注意が散漫になり、通常ならなんでもないことでもミスをおかしてしまうことがあります。

特に、その人にとってプレッシャーがかかる日、重要な会議でのプレゼン、就職の面接、入試の本番、決勝の試合などであれば、不安や緊張が与える影響はさらに大きなものとなります。

「人間は感情の動物である」といわれるほど、人は感情に左右されやすいのです。

それならば、本来の集中力を発揮するために、精神的なストレスを抑えることは不可欠です。さらに、トレーニングによりメンタルをコントロールする能力が向上すれば、結果的には、集中力自体を操る能力も高まるのです。

筋肉をゆるめるだけでリラックスした状態になる

すぐにできる度 4/5

精神的なストレス状態のときは、自分でも気が付かないうちに筋肉も緊張状態になっています。このとき、**意識的に筋肉をゆるめることができれば、緊張をほぐしリラックス状態に導くことができます。**

この筋肉をゆるめる方法は「漸進的筋弛緩法（ぜんしんてききんしかんほう）」と呼ばれていて、アメリカの生理学者エドモンド・ジェイコブソンが開発した方法です。実験により、この方法をとることで不安、ストレスが減少し、リラックスできることが証明されています。

私も記憶競技の種目と種目の間にこの方法を取り入れています。そのため、前の競技の出来が悪いときも引きずらずに、気持ちをリセットしてリラックスした状態で次の競技に臨むことができるのです。

このトレーニングを始めてからしばらく続けていくと、次第に**自分の体に対する感覚が敏感になってきます。**

そうなると、**体のどの部分が緊張しているかが気づけるようになり、リラックスに導きやすい脳に変わっていきます。**


基本的には、各部の筋肉に対して10秒間力を入れ緊張させ、10秒間力をゆるめる、という動きになります。

その場所は、順番に上腕、肩、腹部、足、それぞれの筋肉となります。

10秒間筋肉に力を入れ、その後10秒間力をゆるめるのは共通なので、ここでは各部の筋肉にどのようなかたちで力を入れていくかを説明します。

私は、椅子に座った状態で行うことをおすすめします。

1 上腕

両手の握りこぶしを肩に近づけ、力こぶを作るように曲げた上腕全体に力を入れます。

2　肩

腕をおろして両肩を上げ、首をすぼめるように肩に力を入れます。

3　腹部

腹部に手をあて、まずはへこませます。そこから手を押し返すようにお腹に力を入れます。

4　足

椅子に座って、床と平行になるように足をまっすぐに伸ばし、足全体に力をいれて緊張させるようにします。

以上が各部の力の入れ方です。これで10秒間、緊張状態をキープします。ここでの注意は急に力を入れると筋肉を痛めるので、ゆっくりと徐々に力を入れていくようにすることです。

そして、その後10秒ほどかけて脱力して筋肉をゆるめるのですが、緊張を解くときに一緒に息を「フーっ」と吐くと、力が抜きやすくなります。

重要なのは、**緊張した状態から力を抜いたときの感覚をじっくり味わう**ことです。これにより、脳がその感覚を覚え、ストレス解消がうまくいきます。

私がしているように、大事な本番の前に行ってもよいですが、普段でも精神的に疲れたり、ストレスを感じたりするときに行うと、気分をリフレッシュすることもできるのでおすすめです。

このトレーニングにより、**高い集中力を発揮するために必要な安定したメンタル状態を作りだすことができる**のです。

筋肉の動きを利用して、ストレスを解消する

「メンタルリハーサル」で本番に強くなる

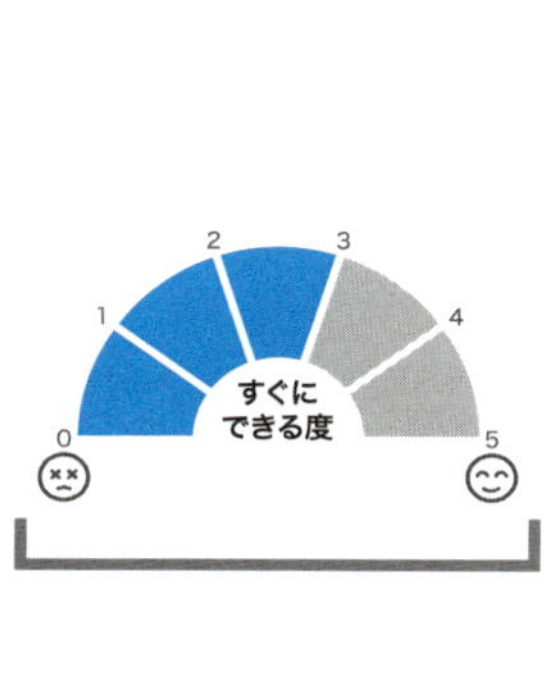

頭の中で何かをイメージする——これは他の動物には不可能な人間だけに与えられた特別な能力です。

イメージは脳自体の構造さえ変化させる力を持っています。となれば、**プラスのイメージは脳から生み出されるメンタルをも、いい方向に変えることができる**ということです。

この強力なイメージを利用してメンタルをコントロールする方法を紹介しましょう。

初めての状況に対応しなければならないときは不安や緊張がつきものです。

スポーツや武道の初めての試合や、大勢の人の前で行う初めてのスピーチなど、思ったように力を出しきれないことも多いはずです。でも、これは長い時間をかけてたくさんの経験を積めば、自然と平気になってくるものです。

要するに、脳が「場に慣れる」ということです。

しかし、特に重要なイベントともなるとそう何度もあるわけではありません。大事な大会の試合とか、学生であれば入学試験、仕事でもその後の進展がかかっているような重要なプレゼンなど、慣れるほどの経験値を持たないまま臨まなければならないシチュエーションも存在します。

初めて経験するときに落ち着かないのは、処理しなければならない情報量が多すぎて意識が定まらず集中しづらいからです。

それは会場の雰囲気といった環境に関するものや、その場にいる相手の行動や自分の気持ちなどさまざまです。

そんななか、場数を踏んで克服するということができない状況でも経験値を上げられる方法が存在します。

それが**「メンタルリハーサル」**です。

イメージするだけでも、脳にとってはまるで実際に経験したかのような刺激となるのです。つまり、**イメージするだけで経験を積むことができる**ということです。

メンタルリハーサルの方法ですが、まず大事なのは最初にリラックス状態になってから始めることです。リラックスするための方法は、前節で紹介した「漸進的筋弛緩法」などが効果的です。

リラックスできたら、本番でのイメージを頭に描いていきます。まずは自分中心の視点からイメージしていきましょう。

プレゼンテーションを例にとって説明します。

1 イメージする

目を閉じ、プレゼンテーション中の場面をイメージしていきます。

話しているときの姿勢はきちんとしているか、自分の声はきちんと出ているか、視線の動きは自然であるか、そのとき聴衆はどのように見えるか、彼らはどのように座っているかなど、頭の中でひと通りプレゼンテーションを行い、聴衆がどのように反応するかを想像してみます。

このとき忘れてはいけないのは、その場面場面で自分がどう感じるかといった感情もいっしょに想像することです。この**イメージ上での感情体験が本番でも状況に落ち着いて対処できる心構えをつくってくれる**のです。

2 第三者視点でイメージする

次に視点を自分中心から第三者のものへと変えます。

プレゼンテーションの場面であれば、今度は視点を聴衆のひとりに置き換えて、スピーチしている自分を客観的に観察する立場でイメージしていきます。ムダな動きをしていないか、声量は充分か、わかりやすい説明になっているか、説得力はあるかなどです。

プレゼンテーション以外に相手の影響は関係なく、自分自身のその日の調子だけにかかっているようなイベントもあります。その場合の視点は、自分を俯瞰して見ればよいのです。テレビカメラで自分を少し離れたところから映しているようなイメージです。

このように**自分視点、第三者視点のリハーサルを行い、気づいたことが出てくれば、本番のパフォーマンスや内容にフィードバックしていき、完成度を高めていけばよい**のです。

3 最悪のケースを想定する

そして、さらに万全を期すために行ってほしいのが、イメージの中での「最悪体験」です。

本番で起こりうる最悪のケースを想定し、それをメンタルリハーサルの段階で経験しておくというものです。

プレゼンテーションの例であれば、聴衆の前に立った瞬間、緊張で頭が真っ白になってしまったとか、途中でマイクが故障して音が出なくなってしまったとか、聴衆から非常に難しい質問を受けたり厳しい要求をされたとか、そのような場面です。

これらをイメージの中で落ち着いて対処できるようにしておくのです。さらに自信を持って本番に向かうことができるようになります。

4 アンカーをつくる

もう1つメンタルリハーサルの段階で準備しておいてほしいことがあります。

それは「アンカー（錨（いかり））」をつくっておくことです。アンカーとは特定の言葉やアクションのことです。

たとえば、メンタルリハーサルで最悪体験のときに「自信、自信」や「できる、できる」などのポジティブな言葉を発しながら、うまく対処できるイメージを繰り返すのです。

これは言葉でなく、「こぶしを握る」とか「親指を立てる」などのアクションでもOKです。これをつくっておけば、本番でこれを心の中で唱えたり、ポーズをつくったりすることによって、リハーサルで生まれた自信を呼び起こすことができるのです。

このようにメンタルリハーサルをしておくことにより、初体験の対応に脳のリソースをとられなくて済むので、目の前のタスクに最高の集中力を発揮できるのです。

緊張からの解放で、脳を効率的に働かせる

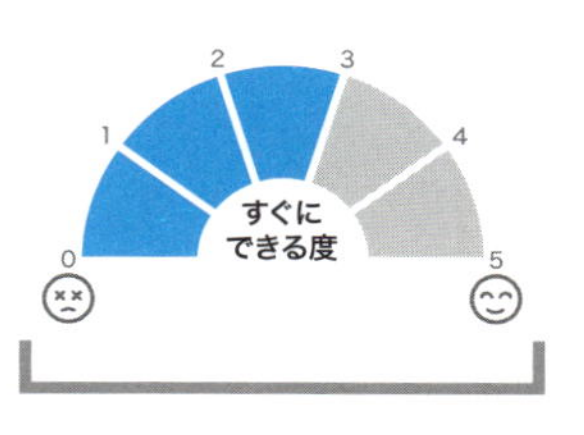

フローという言葉を聞いたことがあるでしょうか。スポーツの世界ではよく耳にしますが、簡単にいうと、「時間が経つのを忘れるほど、やるべきことに没頭している最高の集中状態」を指します。

フロー状態に入ると、答えを見つけ出すとき、無意識のうちに最適なものを、しかも瞬間的に選ぶことが可能になります。

この状態のとき、スポーツに限らず、仕事や勉強、研究、アートの世界など、さまざまな分野で最高のパフォーマンスを発揮することができます。

私もこの状態を経験したことがあります。初めて出場した世界記憶力選手権でグランド

マスターに挑戦したときもそうでした。

その日は時差ボケからくる睡眠不足でコンディションは最悪だったのですが、競技が始まった途端、頭の中のモヤのようなものが晴れて競技の世界に没入できたことを今でも思い出します。

このように、最高の集中力が発揮できるなら、どんな人でもこの力が欲しいと思うのは当然でしょう。「ここ一番」というときにいつでもフロー状態に入れるのなら、これほど心強い味方はありません。

フロー状態に入るためにはいくつかの条件があります。

人の能力はそれぞれ違うので、フローへの入り口もまた個々で違うのですが、共通して言えることは、**「フローに入りやすい体質にしておくこと」**が大切だということです。

そこで、一番に重要になってくるのが「メンタル」なのです。

ハーバード大学のハーバート・ベンソン博士によると、フローに入るためには、２つの段階があり、それらは「苦闘」「解放」と呼ばれています。

「苦闘」とは、気持ちにプレッシャーをかける段階のことで、ほどよい「緊張状態」を指します。フローの入り口としてストレスが必要なのです。

面白いとは思いませんか。**大事なところでは緊張しないようにしがちですが、フローに入るためには最初に脳の中に緊張によるストレスホルモンが放出される必要があるの**だそうです。フロー体質になるには、あえて緊張状態をつくってください。

次の「解放」は、前段階の「苦闘」からの、まさに解放です。一度高めた緊張を解く必要があります。課題から一時的に気をそらし、リラックス状態をつくる必要があります。このリ**ラックス状態により、ストレスホルモンを減らし、脳の中に快楽をもたらす物質を増やす**のです。

この状態になってはじめて「フロー」状態に入ることができるのです。

この条件を使って、私が大事な本番の前に行っている準備の方法を紹介します。

1 メンタルプレッシャーを与える

本番で起こりそうな出来事、またそのときに浮かびそうな感情をすべて洗い出します。**いいものも悪いものも頭の中でイメージして疑似体験します**。イメージの仕方は、前節のメンタルリハーサルを利用すると簡単です。脈が速くなるぐらい、できるだけリアルに想像してください。

2 リラックスできる行動を増やす

メンタルリハーサルは本番の1週間前に終了します。そのあとは本番とは無関係である**自分の趣味など楽しいことを増やし、できるだけ本番のことを考えないようにして過ごします**。1週間あける理由は本番までに緊張状態からリラックス状態へとスムーズに移るためです。

この「解放」の期間は、**本番で脳が効率的に働くことができる、言い換えると自動化できるように情報の整理をしている段階なのです**。

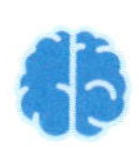

フローに入りやすい体質に変える

つかむだけで、人は安心できる

すぐにできる度
0 1 2 3 4 5

ここで手っ取り早くメンタルを落ち着かせる方法を紹介します。

それは「何かをつかむ」ことです。

人は不安があったり、緊張、恐怖があったりすると何かをつかみたくなる習性があるのです。怖い映画を見ているときやテレビで応援しているスポーツの試合の緊張感が高まったときなど、手はどうしていますか？　二の腕や太もも、ひざをギューッと握りしめてはいませんか。

遊園地のアトラクションにつかむための手すりがなかったらどうでしょう？

高いところに架けられているゆらゆら揺れるつり橋に手すりがなかったらどう思います

か？

たぶんその不安定さに非常に恐怖を感じるのではないでしょうか。

恐怖を感じているときは、何かをつかむことにより、その物自体に愛着が湧くほどの安心感を生みだすことができます。


セミナーなどでも、この性質を利用しているところがあります。

受講者の緊張を取るために、ひとりひとりに紐状のゴムを放射状にあわせて作った、チアリーダーのポンポンのような形のボールを用意して、自由に感触を楽しんでもらうのです。このボールを握ることにより、セミナーの最初の段階で受講者に緊張を取ってもらうのが目的なのです。

つかむものはペン、ハンカチ、ゴムボール、その他つかんだり握ったりできれば何でもいいでしょう。

重要な場面に臨む前は、直前までこれらをずっと握っておくのもいい方法です。また本番に入ったとしても、握るものが目立つことなく、その場で許されるものであれば握ったままでもよいのではないでしょうか。

同じ手を握るのでも、集中力をアップさせる方法があります。

それにはまず小さく切った軟らかめの発泡スチロールやスポンジをすべての指の間に挟める分だけ用意します。それらを指のつけ根にはさみ、そのまま「グー」にすればいいだけです。はさむ場所は必ず指のつけ根にしてください。

こうすると、気が散るのを防ぐことができます。

これも手軽で簡単な方法なので、勉強や仕事などで集中が必要なときには試してみてください。

何かをつかむことで緊張を和らげる

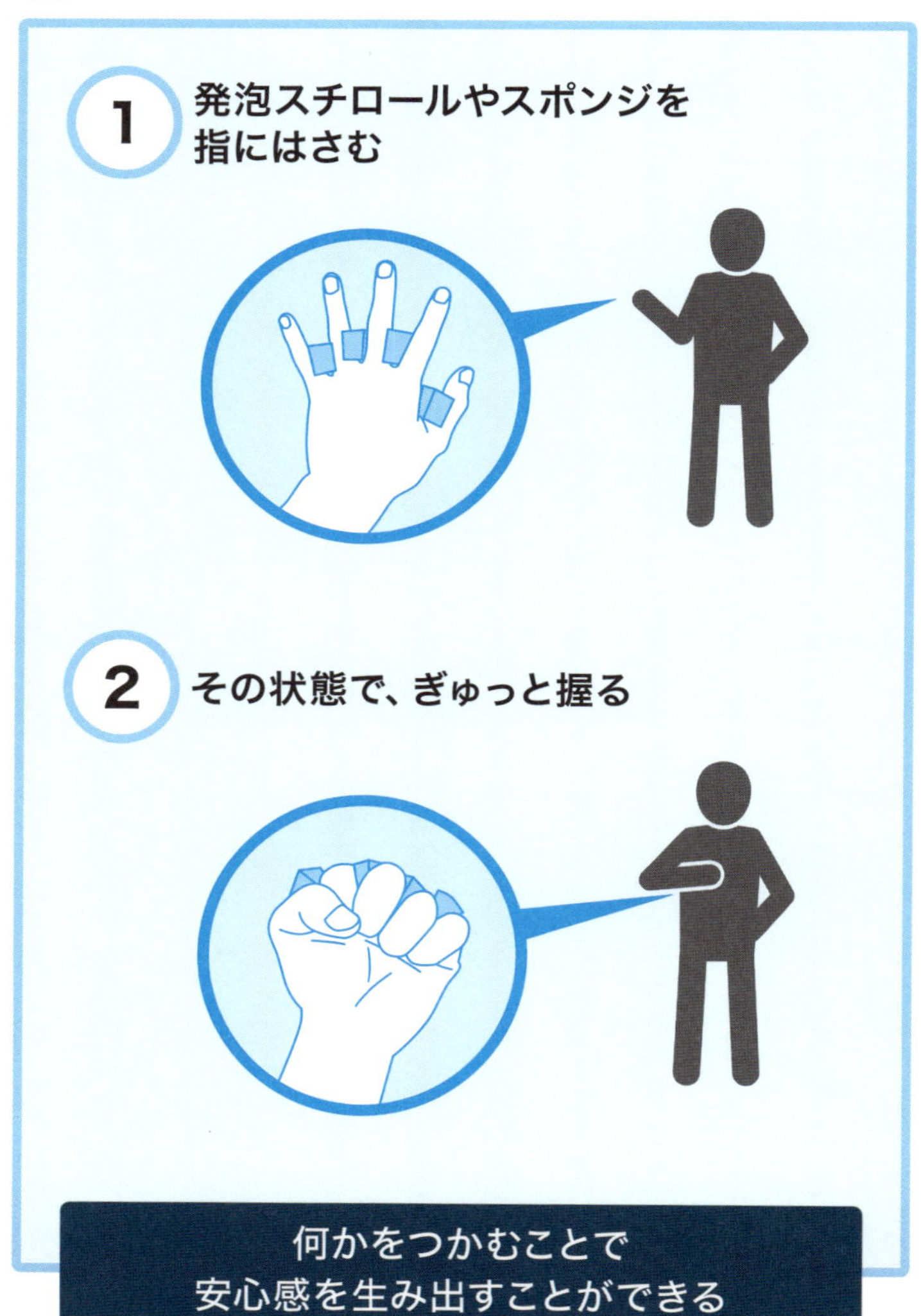

呼吸を支配するだけでメンタルを安定させられる

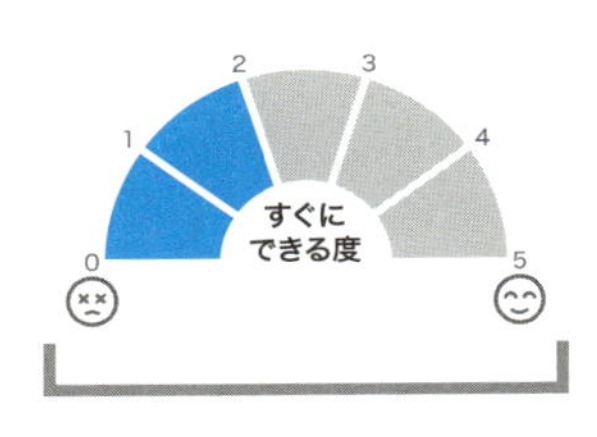

体の動きと心の動きに関係があることは、本能的にイメージできると思います。

たとえば、理屈は知らなくとも、緊張しているとき、それをほぐすために人は深呼吸をします。

理由を知らずにやっていたとしても、これが的外れではないのです。

息を吸うときにはやる気を出すために必要な神経が、息を吐くときには気持ちを落ちつかせるために必要な神経がそれぞれ刺激されます。深呼吸することにより、これらの神経が調整され、徐々に心が安定してくるのです。

これをさらに効果的に行うためには「腹式呼吸」がベストです。

腹式呼吸とは、息を吸うときにはお腹が膨らみ、吐くときには凹む状態になる呼吸の方法です。こうすることでお腹の圧力の働きにより大きく横隔膜が動きます。横隔膜には先ほど紹介した神経がたくさん通っているので、ここを刺激することで効果的にメンタルの調整ができるのです。

言葉で書くと簡単ですが、実際にやってみると、うまくこなすためにはある程度練習が必要です。お腹だけを膨らませているつもりが、胸も同時に膨らんでしまったりします。そうするとあまり効果がでません。

では、実際にやってみましょう!

1 仰向けになって、正しい呼吸を確認する

最初のうちは仰向けになって行うとよいでしょう。仰向けになることによってお腹に意識が集中できるからです。

お腹の動きを確認するために両手をお腹の上に置きます。このとき、お腹の中に風船が

入っているとイメージしてください。そして、まずはゆっくり口から息を吐きます。息を吐きながらお腹をへこませていきます。お腹の中の風船がしぼんでいくイメージです。

そして吐ききったら、今度は鼻からゆっくり息を吸っていきます。今度は息を吸いながら風船が膨らむイメージでお腹を膨らませていってください。

呼吸はあくまでも苦しくならない範囲で行ってください。また、このときに胸や肩が動かないよう注意してください。

この状態で続けて、お腹だけを動かせるようになってくれば立って行うようにしてもOKです。

2 ゆっくり呼吸をする

慣れてきたら、今度はできるだけ呼吸を遅くするようにしていきます。数々の研究によって**ゆっくり呼吸することで、緊張やストレスが緩和される**ことがわかっています。

また、**呼吸を遅くすることは、脳のストレス耐性を高めてくれます**。精神的なストレスやマイナスイメージから意識を切り替えるのに役立ちます。

「吐く↓吸う」を1セットとして、まずは、1分間に5セットを目標にしてみてください。その後、上達したら呼吸を遅くしてセットの数を減らしましょう。

この「スローー横隔膜呼吸法」は1日10分程度でも毎日続けると効果的です。夜、寝る前に横になって行うのもいいでしょう。

集中力にはかたちがありません。このかたちのないものを鍛えるために、コントロールが実感できる**呼吸という体の動きを使い、メンタルを安定させ、その結果、集中力をアップさせることができる**のです。

スロー横隔膜呼吸法でメンタルを安定させる

「吐く→吸う」を1セットとして、
1分間で5セットを10分行う

1. 仰向けになって、息を吐く
2. 息を吸い、ゆっくり呼吸をする

ゆっくり呼吸することで、
緊張やストレスが緩和される

手の動きで、緊張を取り去る

すぐにできる度
0
1
2
3
4
5

緊張感や恐怖心がある場合、メンタルに影響を与える横隔膜の動きは悪くなり、上に上がったまま下がりにくくなります。また上半身が硬くなったりもします。これは横隔膜自体が緊張して、自律神経の調整ができないため、リラックスできない状態にあるのです。

この緊張や不安の状態を体の動きで抑えてしまう方法があるのです。この方法によって、横隔膜を緩め、下げることができます。

それが武術研究家の甲野善紀氏が考案した**「鷹取の手」**という方法です。

力を抜いた状態の手のひらを見ると、中心にくぼみがあるのがわかるでしょうか。

このくぼみは「労宮(ろうきゅう)」と呼ばれ、昔から「鎮心の急所」として知られていたようです。

この労宮を押すだけでもある程度効果はあるようですが、甲野氏はさらに効果的な「鷹取の手」を考案されました。その方法を説明しましょう。

1 親指、人差し指、小指をくっつける

まず、親指と人差し指、それと小指の先端を寄せるようにしてくっつけます。その形をつくることによって先程の手のひらのくぼみがより深くなっているのがわかるはずです。反対の手も同じ形をつくります。

2 薬指どうしをひっかけて、胸を開く

次に、左右の薬指どうしをひっかけます。そして、組んだ手を胸の前でそれぞれの薬指が反るように押し合います。手はこの状態のまま両肩を広げて、胸を開くようにします。

こうすることで横隔膜の緊張がとれ、位置を下げることができるようになり、上半身が固まってしまうのを防ぐことができるのです。そして、心の緊張もほぐれていきます。

これもまさに体と心がつながっているという見本のような方法です。

この方法は、**今すぐに緊張を抑えたいという場面に用いるのが有効**です。私も記憶競技やテレビの収録の直前にこのかたちをつくってリラックスするようにしています。

時間があるとき、前節の「スロー横隔膜呼吸法」と組み合わせて行えば、よりいっそう効果的です。

鷹取の手で緊張を取り去る

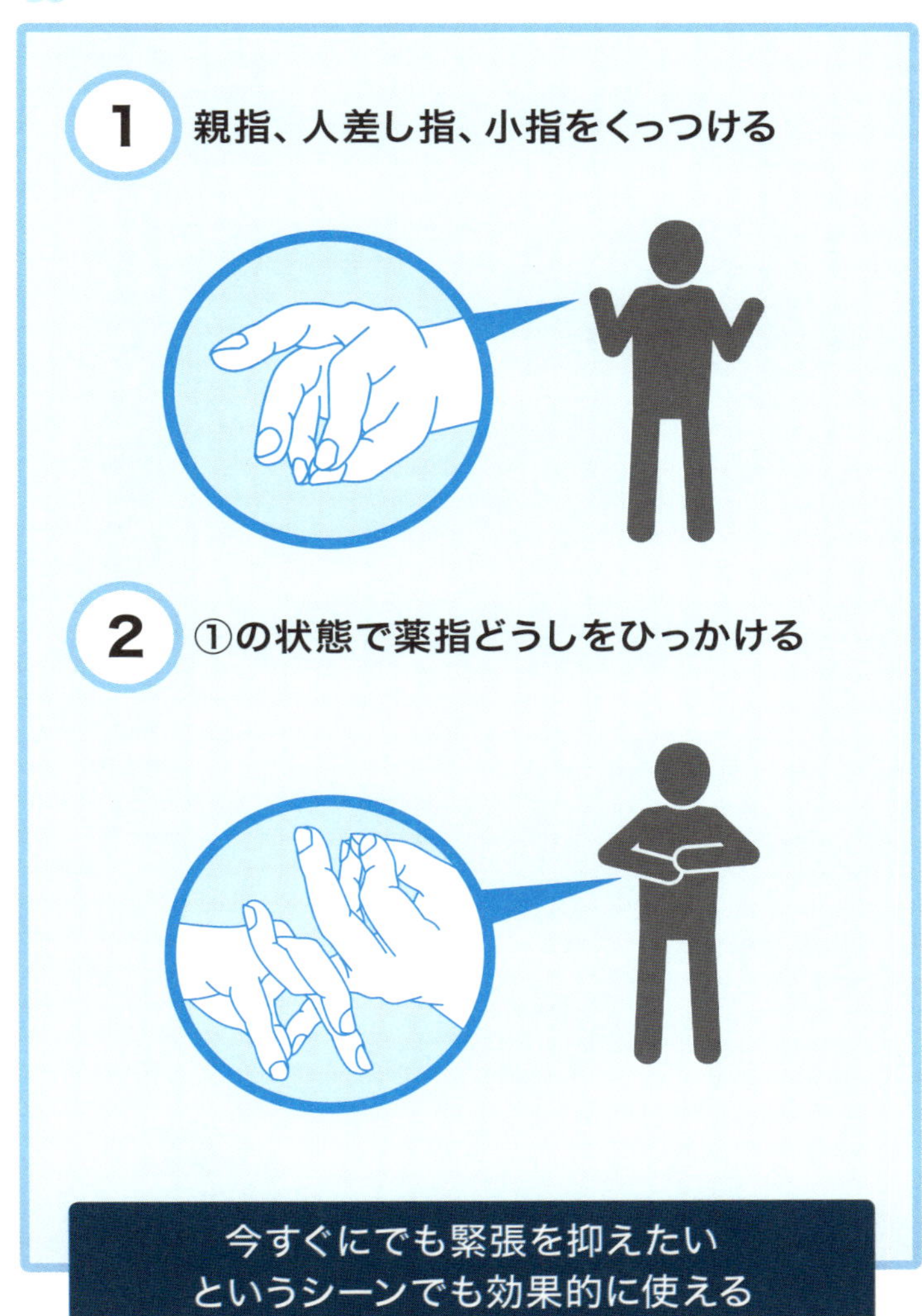

幸福ホルモンを増やして、平常心を保つ

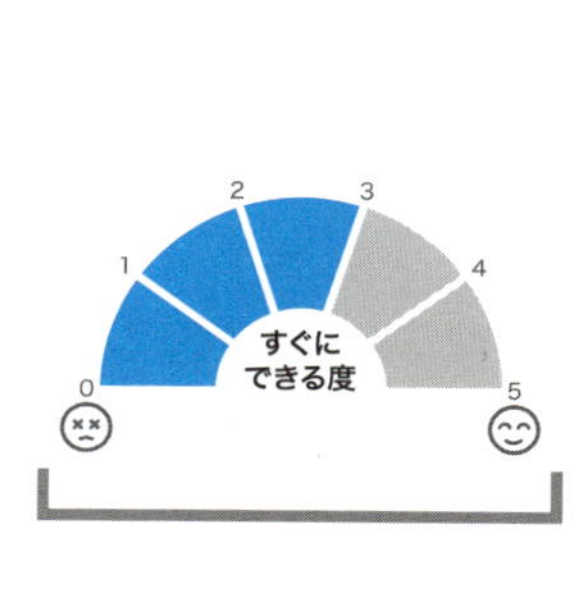

現代のストレス社会において、近年注目を集めている物質があります。「セロトニン」という物質で、その働きが人の心の健康にとって非常に重要な役割を担っていることから「幸福ホルモン」とも呼ばれています。

たとえば、この幸福ホルモンがきちんと働いていると、精神的なストレスを受けたとしても、うまく気持ちを切り替えて心を安定させることができます。**何か嫌なことがあっても、「平常心」を保ちやすくなる**のです。

他にも、**幸福ホルモンが増えることで脳内のバランスが調整され、リラックスしていながら集中力は高いという理想的な脳の状態がもたらされます。**

幸福ホルモンを活性化させるためにできることは2つあります。

1つ目が**「太陽の光」を浴びる**ことです。

日光の刺激で幸福ホルモンは活性化します。ただし浴びすぎはよくなく、かえって減少してしまうので注意が必要です。長くても30分浴びれば充分です。特に、朝は分泌しやすい時間帯なので朝に日光を浴びると効果が高くなります。

2つ目が**「リズムのある運動」をする**ことです。

リズムのある運動とはウォーキングやジョギング、ダンスといった一定のリズムを持った運動のことです。

リズム運動で幸福ホルモンが刺激を受けて活性化するのです。激しい運動をする必要はなく、疲れない程度というのがポイントです。疲労がかえって逆効果となるからです。運動を始めて5分後から活性化するので、1回の運動は最低でも5分以上することが必要です。

私がこの性質を知ったときにすぐに思いついて試したのが、**「メトロノーム」を活用したリズム運動**です。

メトロノームとは楽器などの練習のときに使用する、「カチッカチッカチッ」というような音でテンポを伝えてくれる道具のことです。

何か他のことに気を取られていたり人とおしゃべりしていたりしては、リズム運動の効果がなくなってしまいます。

そこでメトロノームを利用すれば、音がペースメーカーの役目を果たしてくれてリズムに集中しやすくなるのです。

メトロノームを使い、朝の日光を浴びながら運動すれば一石二鳥です。

私の場合、心拍数トレーニングで使うステップ運動（踏み台昇降）用の台を利用しました。朝ベランダに出て日光の下、メトロノームの音に合わせて台に上がったり降りたりする運動を5分から10分ほど、疲れない程度に行いました。台がなければその場での足踏みでも問題ありません。

繰り返しますが、激しい運動や長時間の運動は必要ありません。トータル30分ぐらいの運動でいいので、一日の中で時間を分散させればリズム運動の時間を見つけるのはそう難しくはないのではないでしょうか。

メトロノームはイヤホンなどをすれば、通勤時の歩行やウォーキングのときにも利用できます。

無理せず長期間続けて、平常心がキープできるバランスのいい「集中脳」を手に入れましょう。

感謝の気持ちがストレスを減らす

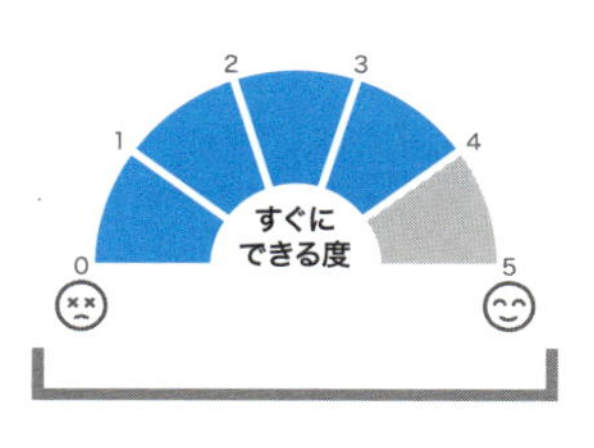

私が競技のスタート前、不安を抑えるためにこれまで行ってきたいくつかの方法の中でも、特に効果が高かったものを紹介します。

それは、本能が生み出した偶然による産物なのです。

私が記憶力の日本チャンピオンにはなっていたものの、経験がまだ少なかった頃の話です。ある大会に参加したとき、チャンピオンという立場が自分に重くのしかかってきたことがありました。

お恥ずかしい話ですが、そのときの私は自意識過剰になり、自分のベストを尽くすというより、他の選手に負けたくないということで頭がいっぱいになっていました。そのことが反対に「負けたらどうしよう」という不安を生み、自分以外はみんな敵という意識が膨らみ、どんどん自分の中で孤立感を深めていったのでした。

しだいにこれはまずいと感じ、なんとかしなければいけないと考えたのです。そのとき率直に頭に浮かんだのは「味方が欲しい」という気持ちでした。あまりにも孤独だったために自分を応援してくれる味方が一人でも欲しかったのです。

そこでとっさに思いついたのは、頭の中で自分が知っている人を次々に思い浮かべ、その人たちに味方になって応援してもらうことでした。

そして、味方になってもらえるのだから、お礼に心の中でひとりひとりに「ありがとう」とつぶやくことにしました。

まずは、家族の顔から始め、特になんの脈絡もなく浮かんでくるのにまかせて、その人の顔に心の中で「ありがとう」を唱えていったのです。

なかには、その日初めて会った会場までのタクシーの運転手さんの顔が浮かんできたりしましたが、構わず心の中でお礼を言いました。

また、自分が苦手だったり、過去にいやな思いをさせられたりした人の顔も思いがけず浮かんできました。一瞬どうしようか迷いましたが、少しでも味方が欲しかったので、構わず「ありがとう」と心の中で言い続けました。

こうしてたくさんの人の顔を思い浮かべ、感謝を言い続けるうちに、味方をつくるという目的はどこかに消え、ある思いが心の中を占めるようになってきたのです。

それは、この場所で記憶力日本一として競技をすることができるのは、すべて今まで出会ってきた人たちのおかげなのではないかという思いでした。

たとえ過去にいやな思いをさせられた人でさえ、そこから何かを学び、今の自分が存在しているのだから、今まで出会った人すべてが感謝の対象なのだと思えたのです。そう思えてくると、今までの自意識も孤立感もなぜかすべてスーッと消えていったのです。

このときの効果があまりにも劇的だったために、その後の大会でも精神的なコンディションがあまりよくなく、どうしても不安が去らない場合に、この方法を使うようになりました。

時には涙が出てくるほど、感情が強く動かされることもありました。

後でわかったのですが、この方法は単に情緒に訴えかけるのではなく、脳科学的に効果がある正しい方法だったのです。

前節に出てきた「幸福ホルモン」と呼ばれる脳内で不安を取り除いてくれる物質のことを覚えているでしょうか。

感謝の気持ちを感じることにより、脳内でこの幸福ホルモンが放出され、それが「攻撃」や「逃避」を引き起こすストレス物質を抑えることが今ではわかっています。

その効果により、**過剰な不安や緊張状態から適度な緊張状態に戻すことができる**のです。

そのことを知った後は、記憶競技のときだけにかぎらず普段から感謝することを意識するようになりました。人に対して「ありがとうございます」という回数も増えた気がします。

もちろん幸福ホルモンの効果もあるのでしょうが、たとえそうでなくても感謝を表すことは気分がいいものです。

ミスを防止するための気持ちを切り替える方法

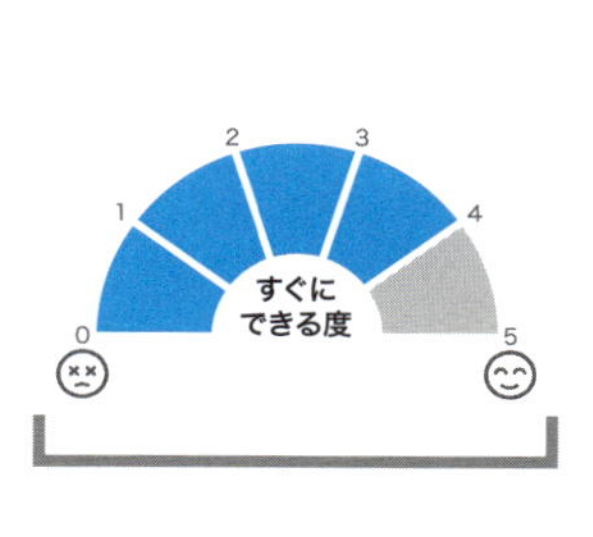

仕事やスポーツなどで直前のミスのショックが頭に残っていて、上司や監督の次の支持をうわの空で聞いてしまい、結局またミスをしてしまう。まさに悪循環です。

私自身も前の種目でのミスを悔やむ気持ちが無意識のうちに頭の隅に残っていて、次の競技に入ってからも自分では集中しているつもりが、気がつかないミスを重ねてしまうことが何度かありました。

脳の機能の中に「ワーキングメモリ」というものがあります。

「メモリ」と付くぐらいなので記憶に関する機能なのですが、ただ記憶するだけでなくほかにも大事な働きをしています。ワーキングメモリは別のことを同時にしながら、情報を脳にとどめておく能力があるのです。

たとえば、数字の計算を暗算で行うときに計算途中の数をキープしておけるのはこの機能によります。

脳の中のメモ帳のような機能と考えればわかりやすいかもしれません。

しかし、このワーキングメモリの容量はあまり大きくありません。

しかもワーキングメモリは緊張や不安といったネガティブな感情にひどく敏感で影響されやすい性質を持っているのです。何かをするときに不安や緊張が生じてくると、すぐにメモ帳はそのことでいっぱいになってしまうのです。この状態が俗に言う「頭が真っ白」な状態です。

これを防ぐために、各分野の一流の人たちは自分なりの「気持ちの切り替え」ルールを持っています。メモ帳がいっぱいになってもリセットして、新たな課題に集中することができるのです。

そのために利用するのが、**五感を通して感じる体の感覚**です。**体の感覚から刺激をもらうことによって、気持ちがリセットできる**のです。

たとえば、料理を味わって食べたり、お風呂に入ったり、スポーツをしたり、歩き回ったりといった体の感覚に意識が向く行動がリセットするのに適しています。

さらに、すぐに気持ちをリセットできる効果的な方法があります。

それが**「不安や心配事を紙に書く」**という方法です。

シカゴ大学の心理学者シアン・バイロックが行った研究によると、プレッシャーを解消するための有効な手段が「紙に不安要素をすべて書き出す」ことなのです。

プレゼンであれば「緊張で声が出なかったらどうしよう」とか、試験であれば「試験中に度忘れしたらどうしよう」といった感じです。

とにかくほんの些細なことでも不安要素があれば、すべて書き出します。

マイナス要素を実際に紙に書き出すことによって頭の中から消去し、ワーキングメモリのメモ帳を白紙の状態に戻せるのです。

不安や心配は目には見えないため、不安要素が膨大な数、存在しているかのような錯覚を起こしてしまうのです。

実際に紙に不安要素を書き出して現実の文字として見てみると、その数は膨大ではなく数えられる程度のものだ、ということが認識できます。

自分が抱えている不安の全体像を把握できた安心感から、負のスパイラルを断ち切りワーキングメモリをリセットすることができるのです。

自分を客観視できれば心は安定する

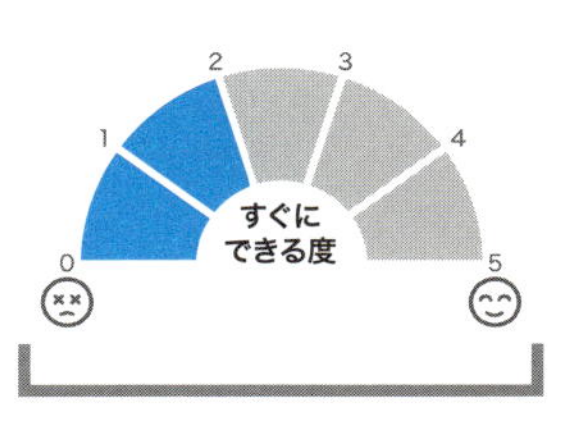

ここでは感情と理性の関係についての話をします。

感情は脳の中で生みだされます。その場所は進化的に古いままの脳の部分になるのですが、ここで生まれた感情を、前頭葉という場所が受け取って理性で抑えたり、調整したりするのです。具体的には怒りを沈めたり、悲しみをこらえたりするような感情をコントロールする関係です。

この感情の生まれる場所と前頭葉とを結ぶ神経回路の数が多いほど、メンタルのコントロールは容易になります。

ところがそれは口で言うほど簡単ではありません。だから人は不安や悲しみに悩まされたり、反対に喜びに浮かれすぎて思わぬ失敗をしたりするのかもしれません。

感情の調整が難しいのは、感情自体に実体がないことが大きいと思います。喜怒哀楽にそれぞれかたちがあればそれを見て、「今自分は怒っていて、しかもこのぐらいの大きさなのだな」とすぐに確認できるのですが、実体がないためその感情を把握するのが難しいのです。

前頭葉との結びつきが弱いと感情を抑えることができず、理性に勝ってしまい、そこから抜け出せなくなってしまうのです。

ですから、逆に理性が勝つような状態にできれば、感情のコントロールもうまくいくということです。そのような状態をつくるためには、自分を客観的に観察できる能力を高める必要があります。

それを鍛える方法が**「心の状態にラベルを貼る」**というものです。

今感じている心の状態を「感覚」の状態から「言葉」という目に見える実体に置き換えて確認するという方法です。

このトレーニングは習慣化するといいです。続けていくと、脳の構造も間違いなく変わっていきます。

たとえば、何かの試験を受けるときや面接のとき、また経験がないことをしなければならなくなったときなどに緊張してしまったときは、頭の中で「私は今緊張している」と言葉にして確認するようにします。

他にも「私は疲れている」や「落ち込んでいる」、家族といるときでも「今の言い方に少しいらついた」など言葉にして客観的に見るようにします。

また感情でなくても、普段、無意識で行っている動作などを言葉にして確認することで脳を鍛えることができます。

「私は今、水を飲んでいる」「テレビを見ている」「歩いている」など、いつもは何気なくしている行動も言葉にして確認することで、脳は新しい刺激を受け、心の状態を客観視できるように変わっていきます。

自分を客観視できる能力が高まれば、周囲の余計な雑音も排除できるようになり、それが結局は集中力を増すことにつながるのです。

第2章

「注意力」を上げることで、意識を集中させる

長い時間、集中できる能力に憧れを持つ人も多いことでしょう。

その能力のカギを握るのが「注意力」です。本書でいう注意力とは、「意識を注ぐ力」です。集中レベルが落ちてきたときに、それに気づくことができ、さらにそこから元の高い集中レベルに戻せる能力のことを指しています。

この力が低いと、何かの作業中、別のことが気になり、しばらく手が付かない状態に陥ることが多くなります。

「注意力」を高めるには、「自分自身をモニタリングする」ことです。

モニタリングするのは、頭の中に浮かんでくる「思考」や、体の「コンディション」などといった、日常において無意識のうちに流れていってしまう感覚です。

意識して、それらの一瞬一瞬を客観的にとらえることで、長時間、集中力をコントロールできる脳に変化していくのです。

注意力アップのためのマインドフルネス

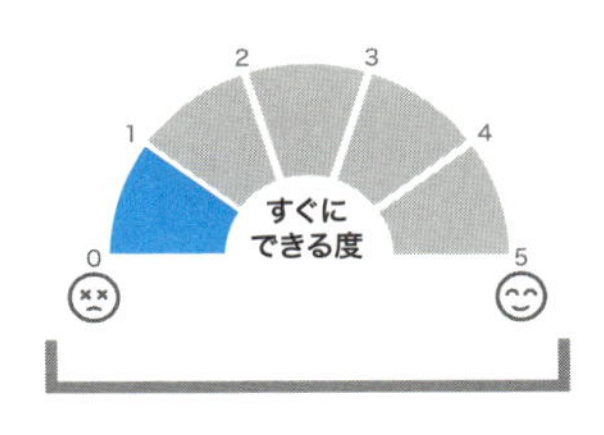

世の中に「マインドフルネス」という言葉が浸透するようになった今では、昔ほど「瞑想」という言葉の持つイメージに対して、アレルギーを起こす人は少なくなったのではないでしょうか。

「マインドフルネス」とは、もともと、「今起こっている心や体の状態に注意を向けた状態」のことを指しますが、世の中で知れ渡っているのは、「瞑想や呼吸法などを使って行う脳に対する健康法」のほうでしょう。

年々研究が進み、スピリチュアルなものではなく、科学的に実際に効果がある方法として注目されているのです。これを続けることで、脳の構造自体もいいほうに変化してくることがわかってきました。

そのため、グーグルやフェイスブック、インテル、ゴールドマン・サックスといった世界的企業が社内研修として導入し、そういった事実が流行に拍車をかける要因となっています。

「マインドフルネス」をすると、**「免疫機能が高まる」「ストレスの緩和」「ポジティブな感情の増進」「感情のコントロール」「記憶力が高まる」**など、さまざまな効果が報告されています。

私自身も記憶競技の香港大会での惨敗から、一番初めに取り入れた対策が、この「マインドフルネス」のトレーニングでした。

特に、メンタルのコントロール力の向上に期待して始めたのですが、トレーニングを続けていくうちに、私にとって一番効果があったのは、この章のタイトルでもある「注意力」の向上でした。

ロンドンでの「世界記憶力選手権」でトータル3時間の集中が要求される2つの競技をクリアできたときにそれを実感しました。時差ボケという最悪なコンディションでも、**集**

中力の波をコントロールすることができたのです。

このトレーニングをしていなかったら、下がってきた集中力を元の高い位置に戻すことを3時間ものあいだ、続けられなかったでしょう。

ここで私のやり方を紹介します。同じ「呼吸」でも第1章とは、目的が変わります。

1 椅子に座って、自然に呼吸する

まずは椅子に背筋を伸ばして座ります。

両手を太ももに置き、目を閉じますが、表情は固くせず、ゆるめるようにしてください。

呼吸は、鼻から吸い、口から吐くようにします。何秒で吸って何秒で吐くなどとは、特に考えません。あくまで静かにゆっくり楽に呼吸できればよいです。慣れてきたら、意識せず体にまかせる自然呼吸で構いません。

2 雑念が浮かんでも、呼吸に意識を集中させる

次に、マインドフルネスの一番重要なポイントとなる意識の向け方です。

マインドフルネスのあいだ、常にある対象に意識を集中し続けます。意識を集中するとは、感覚を感じ取るということです。マインドフルネスでは、次のことに注意を向けるのが基本です。

それが、**「呼吸」**です。鼻や口を通る空気や呼吸によるお腹の動きなど、呼吸で生じる感覚に意識を集め続けます。

そのうち雑念が浮かんでくるはずです。しかし浮かんできても、まったく問題ありません。むしろトレーニングのためには雑念が浮かぶほうがいいかもしれません。

雑念が浮かんできたら、それに気づき、「ああ、今こんなことを自分は感じているのだな」くらいの感じで、その雑念を軽く手放し、また呼吸に意識を戻すようにします。

この意識の操作が注意力を高めるトレーニングなのです。

ですから、雑念が浮かんでも構わないのです。ダメなのは、雑念が浮かんできたときに、それに意識が取り込まれてしまって呼吸に意識が戻せなくなることです。

意識が逸れていたことに気づくことができたら、それは喜ぶべきことなのです。上達すれば、雑念を軽く手放すことができるようになります。

最初のうちは、それこそ1分でも構いません。慣れてきたら、徐々に時間を延ばして自分にとってちょうどいい時間を見つければいいのです。

最初から無理をすると長続きしません。**脳を変化させるためには、長い期間、行うことのほうが重要**なのです。

トレーニングを続けていくうちに、自分のことを客観的に見ることができるタイミングが増えていきます。

それが脳の注意力が上がった証拠なのです。

下がってきた集中力を戻し、注意力を上げる

1 椅子に座って、自然に呼吸する

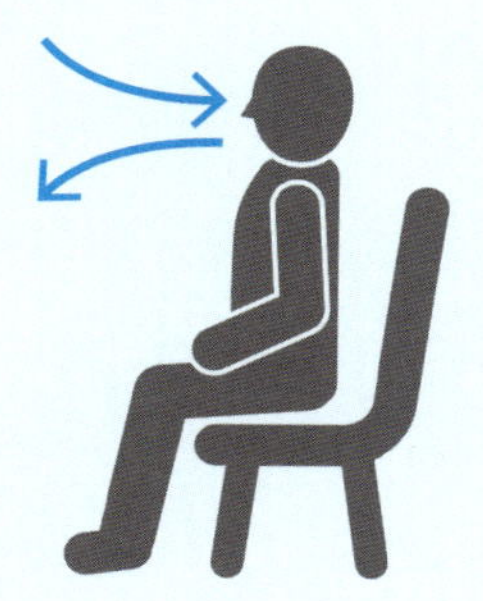

2 雑念が浮かんでも、呼吸を意識する

マインドフルネスが上達すれば、
脳の注意力が上がる

ここ一番の注意力のために意志を温存する

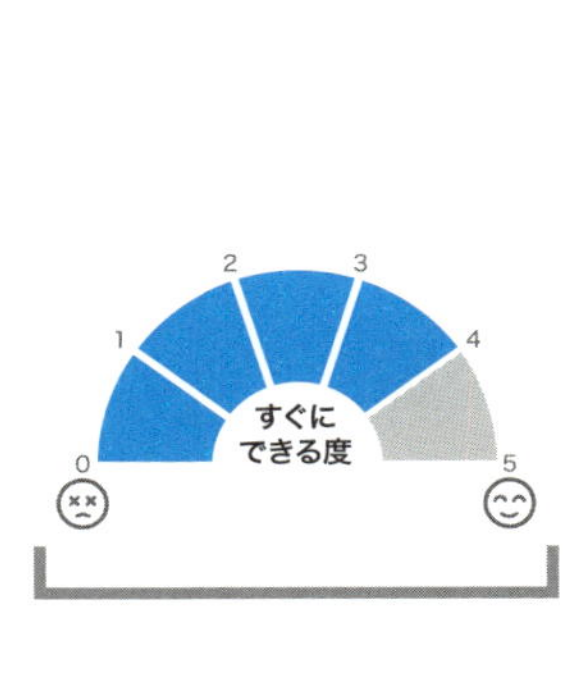

集中力を構成する柱の1つとして「注意力」を挙げましたが、**注意力には意識をコントロールするための意志が必要です。**

たとえば、テスト勉強をしているときに集中力が少し低下してきたとします。そのときに何気なくゲームや漫画が目に入ってきて一瞬それらに惹かれたとしても、これらの誘惑を断ち切ってまた勉強に戻れたとするなら、それは本人に強い意志があったからだと言えます。

意志は、このように注意力をうまく働かせるために欠かせない力なのです。意志が強くなれば、それに伴って注意力も向上していくことになります。

この意志の性質を知っていれば、重要な場面で本来自身が持っている実力を発揮することができます。

意志は消耗していくものです。それに比例して、注意力も低下していきます。

それを裏付ける社会科学者が行ったある実験があります。

この実験には空腹の大学生たちが被験者に選ばれました。部屋においしそうなお菓子と野菜のラディッシュを準備しておきます。

一方の被験者たちにはお菓子を食べていいと伝え、もう片方の被験者たちにはお菓子は許されず、食べていいのはラディッシュだけと伝えます。被験者だけを部屋に残し、しばらくその中で過ごしてもらいます。空腹なので、当然許された人たちは、おいしそうなお菓子を食べ始めます。それを横目にお菓子を禁止されている被験者たちはお菓子を食べたい誘惑に耐え、しぶしぶラディッシュをかじるしかありません。

その後、別の部屋で知能検査という名目で図形パズルを解く課題を出されるのですが、実はこのパズル、解けないようにできているのです。これはどこまで粘れるかの忍耐力を測っているのです。

結果はお菓子を食べることを許されたグループでは約20分パズルに取り組むことができたのに対し、誘惑に耐えながらラディッシュをかじるしかなかったグループではたった8分であきらめてしまったそうです。

この結果は、「誘惑に耐える」という意志を働かせることによって、その後に続く課題に対しての自制の気持ちが減った、つまり意志が消耗してしまったことを示しています。

このように、意志とは電池のように、使えば減っていってしまうものなのです。

この性質を知っていれば、その日の中で特に重要な案件は、まだ消耗していない午前中に持ってくるとか、その案件の前には決断や自制が求められるようなものをなるべく避けるなどの調整をすることによって思わぬミスを防ぎ、本領を発揮することができます。

また、意志は減るものだと自覚していれば、ベストなタイミングで休息をとり、回復をはかることもできます。

また、意志をすぐに回復させる裏ワザもあります。

それは、**「『意志の強い人』を思い浮かべる」**というものです。

自分の知り合いや有名人などで意志の強い人をイメージするのです。それにより意志をパワーアップさせたり、回復を早めたりできるという実験結果があります。

私には恩師と呼べる先生がいるのですが、「意志が減ってきたな」と感じたら、その方を思い出します。いつでもぶれずに自分の考えを貫き通し、冷静な判断ができるその人を思い出すと、意志が充電されていくのを実感します。

意志をすぐに回復させる方法

脳を自動化して注意力の消耗を節約する

すぐにできる度
0 1 2 3 4 5

注意力は、電池のように使えば消耗していくと紹介しました。

その原因は、何かを決断したり、思いとどまって自制したりするときに、脳がたくさんのエネルギーを消費するからです。

それならば、意思決定ごとに消費するエネルギーを抑えたり、自制が必要な場面を減らしたりできれば、注意力は温存可能です。

注意力のエネルギーを温存するために一番有効な手段が、**「決断のスピードを上げる」**ことです。つまり即断、即決することです。

なぜなら、意思決定のたびにじっくり考えるようなことをしていたら、脳が大量のエネルギーを消費してしまうからです。**決断が早ければ早いほど、エネルギーの消耗を抑えることができます。**

日常生活でさまざまな行動を起こしますが、それらはすべて意識して行っているものと考えていませんか。

確かに、「あれをしよう」「これをしなければ」と考えてから行動する場合もありますが、それはほんの一部に過ぎず、ほとんどの行動は無意識に行われているといわれています。

確かに朝起きてから学校や会社に行くまで、顔を洗ったり朝食を食べたりといった行動は深く考えて行っているわけではないですね。自動車の運転やお風呂で体を洗うときなども、それをすることに対して、意識して行ってはいません。

これらは「習慣」です。習慣化された行動は脳を自動化し、決断をショートカットすることによって、注意力の消耗を節約できるのです。

習慣以外でも、注意力を温存できることがあります。

それは、**「考え方のバリエーションをたくさん持っておく」**ことです。

たとえば、チェスや将棋の名人の場合、対局中には高度な認知機能が常に働いているものだと想像しがちですが、実はその逆で、認知機能を司る脳の場所はむしろ機能低下しているそうなのです。

その理由は長年対局してきたことによって、盤面のパターンや指し手の流れのパターンがいくつも頭に入っているため、局面で選択のたびに意識して頭を使わなくてよい脳になっているからなのです。これもまた脳の自動化です。

「習慣」や「考え方のパターン」、いずれにしても身につけるためには、回数をこなさなければ手に入れることはできません。

コツコツ続けることが、注意力を養うのです。それが注意力のエネルギーを節約できる自動化する脳をつくることにつながるのです。

指先の脈で精神状態を測れる

すぐにできる度
0 1 2 3 4 5

ここ最近の研究で、「自分の体の状態を感知する能力」が高い人ほど、この章でお伝えしている「注意力」のような認知のコントロールに長けていることがわかってきました。

ここでいう「自分の体の状態」とは、空腹感や心臓の鼓動、痛みや疲れのような体の中から発せられる情報のことです。

この**体から発せられるシグナルに注意を払うことができる能力の高さは、そのまま脳の「注意力」の高さにつながる**のです。

まずは、手軽に感知できる体の感覚からやってみましょう。それは「脈」です。

はじめは、首や手首など比較的脈がとりやすい部分から確認してみてください。

次に、両手の指先どうしを合わせてみてください。そこで脈がとれるでしょうか。

脈がとれる人でも非常に弱い反応で、「ジワ、ジワ、ジワ」という感じではないですか。

この部分の脈を感じるにはかなり繊細さが必要なので、そのときの精神状態を測るバロメーターにすることができます。

その時点で過剰に不安や緊張を感じていたり、気が逸れていたりすると、指先の脈を感じることは困難です。逆に集中力が高い状態であれば、すぐに脈を感じることができます。

普段から意識してトレーニングを続けることで、脈に対する感覚も徐々に磨かれていきます。感じ取れるまでの時間も早くなっていきます。

この能力の向上に比例して、物事に対してすぐに集中できる能力が向上していきます。

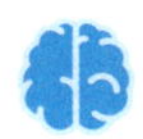

自分の体の状態を感知する

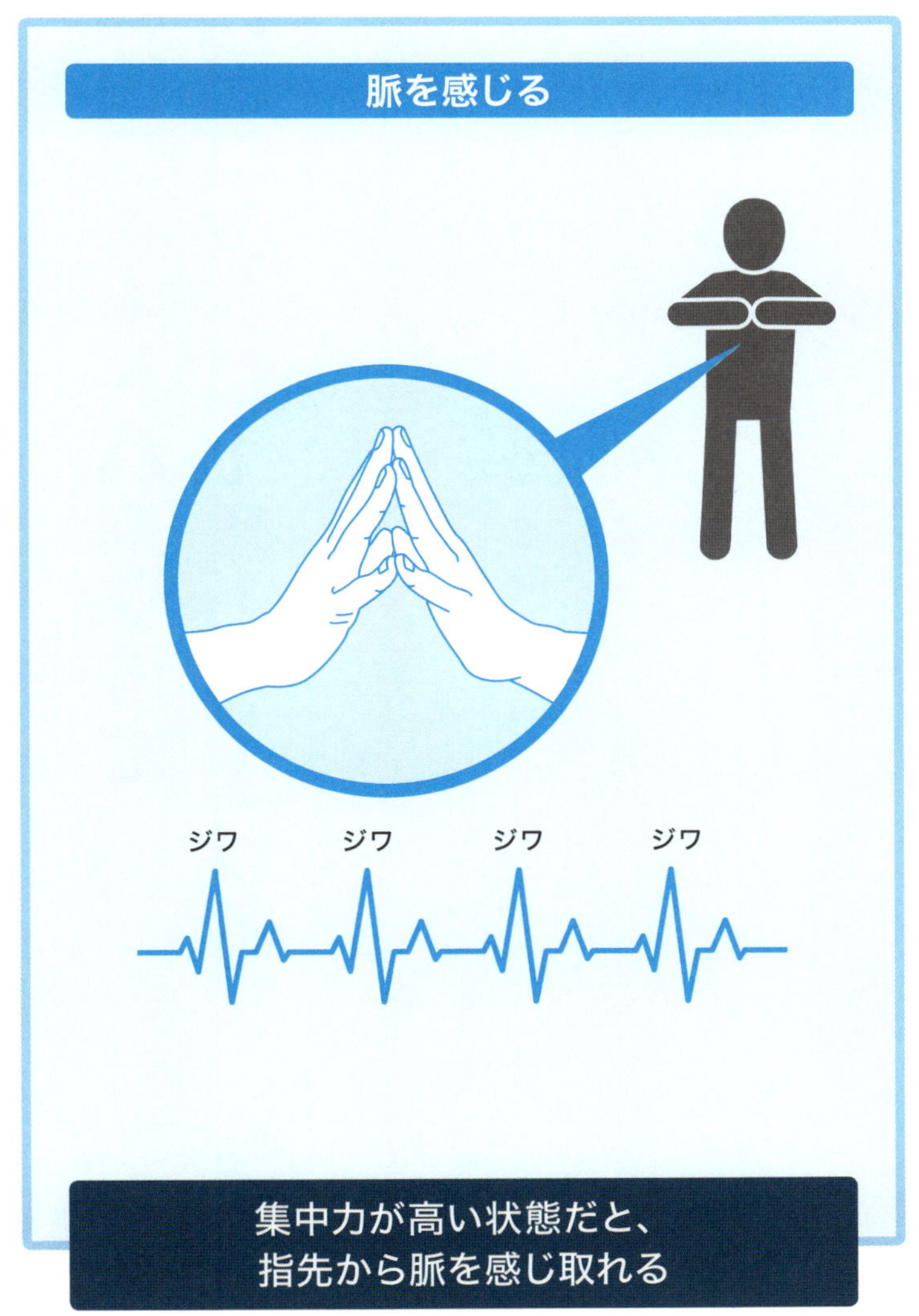

脈拍フィードバック法で自己コントロール力を上げる

すぐにできる度
0 1 2 3 4 5

前節が脈についての話でしたので、ここでも脈拍に関してのトレーニングを紹介します。それが「心拍変動」と呼ばれている体の機能のトレーニングです。

最近の研究でこの心拍変動の値が高い人は気が散るのを防いだり、何かを我慢したりする自制心のような、まさに本章のテーマである「注意力」に優れていることがわかってきました。

人は誰でも息を吸うときに、交感神経が働くため心拍数は増加します。つまり、心臓の鼓動は速くなっていきます。

それとは反対に、息を吐くときに、リラックスしているときに働く副交感神経の影響で心拍数が減少します。つまり心臓の鼓動は遅くなっていきます。

心臓の鼓動が速くなったら、つぎは遅くなり、また速くなるというように交互に繰り返される状態が平穏時の正常な姿であり、この状態を「心拍変動が高い」と言います。

それに対し、不安や緊張など精神的にストレスがかかると心臓の鼓動が速いままの状態になります。速い、遅い、の変化がなくなるので、この状態のことを「心拍変動が低い」と表します。

人には心拍数の高低の差があまりない「心拍変動の低い人」と、高低を繰り返している「心拍変動の高い人」がいます。低いタイプの人は誘惑に弱く、高い人は自己コントロール能力が高いのだそうです。

この心拍変動の能力は、定期的に鍛えれば向上することが研究でわかっています。

その鍛え方というのが、**「できるかぎりゆっくり呼吸をする」**ということなのですが、これはすでに紹介しています。第1章の「呼吸を支配するだけでメンタルを安定させられる」で紹介した「スロー横隔膜呼吸法」のことですね。つまり、この呼吸法はメンタルの安定にも意志力向上にも効く一石二鳥の方法といえるわけです。

この呼吸法を続けていくうちに、心拍変動を高めることができます。

それは、息を吐けば、すぐに連動して心拍数を落とすことができるようになるということです。これを使って体の状態を感知する能力も同時に高めようというわけです。

そのために用いるのが、「脈拍フィードバック法」です。

やり方は簡単で、**息をゆっくり吐く呼吸をしたときに脈をとる**だけです。脈をとる場所はどこでも構いません。

「スロー横隔膜呼吸」を続けていくうちに、心拍変動の能力が上がっていきますので、そうなると息を吐くときには自然に心拍数が落ちていきます。

その感覚を感じ取るのですが、ここで重要なのはそのときのイメージです。

本来、心拍数が落ちるのは呼吸による影響ですが、**息を吐くときに心の中で「脈が遅くなる」と念じる**ようにします。これを続けると**「脳からの司令」→「呼吸」→「脈が落ちつく」というサイクルが生まれ自己コントロールの能力も向上していきます。**

「身体スキャン」で集中持続力をつける

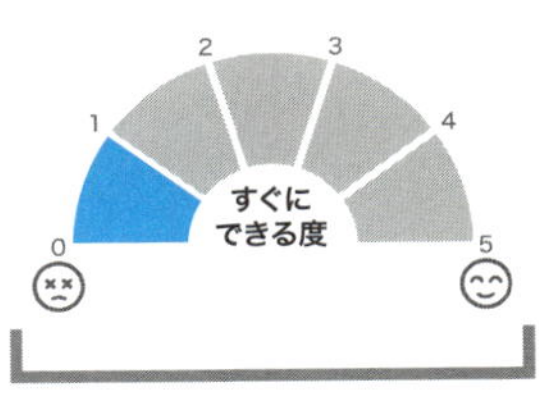

注意力が長続きできるようになる方法「身体スキャン」を紹介します。体から発するかすかな反応を読み取ることによって、注意力を鍛えることができる方法です。早速やり方を説明していきましょう。

1 体の場所と順番を決める

①頭頂部
②額（眉間あたり）
③のど（表面ではなく内部）

④背中（肩甲骨の間あたり）
⑤腰
⑥胸（心臓付近）
⑦お腹

この順番で各場所の感覚に集中し続けるのですが、その感覚はとてもかすかなものです。

それほど、かすかな感覚を感じ取ることが、体に対する感受性の訓練になるのです。

2　1箇所につき1分間、集中する

まずは姿勢ですが、椅子に座っても、横になっても構いません。いずれにしても、体がこわばることなく、リラックスできる姿勢であれば問題ありません。

体の力が抜けた状態で体の特定の場所に意識を向け、その場所から受ける特有の感覚を感じるようにします。ここでの感覚とは、皮膚感覚や筋肉の圧力、温度などです。

そして、1箇所につき1分間、その感覚に集中します。

そのあと、次の場所に移動して同じく1分間その場所から感じる感覚を感じ取るようにします。

人によっては、何か取っ掛かりがあるほうが取り組みやすいので、ここで簡単な方法を紹介します。

それは、**あるイメージを持ちながら呼吸する**ことです。

そのイメージとは、**「『鼻、口、場所』がつながって呼吸をしている」**というものです。

たとえば、その箇所が頭頂部であったとするなら、鼻から息を吸い頭頂部から息を吐くようなイメージで呼吸をするのです。そして、息を吐き終わったら、今度は頭頂部から息を吸い、口から吐くようなイメージで呼吸を続けるのです。

その場所が息の出入り口と想像することによって、ある意味強制的にその箇所に対する集中度を増すことができます。

他の場所も同じように鼻と口からつながったイメージで呼吸をしてみてください。

「身体スキャン」は体に対する感受性を高めますが、同時に「注意力」の持続性も高めることができます。

なぜなら、各場所につき1分間とはいえ、非常に繊細な感覚をキャッチして、「集中をキープする」という作業をすべて終了するまで、続けなければならないからです。

今回設定した箇所は7箇所でしたが、上達するにつれて、さらにトレーニングの強度を上げたい場合は、身体の部位を細分化して増やしていっても構いません。

たとえば、「肩」「ひじ」「手のひら」「指先」「ひざ」「かかと」「つま先」など、今までまったく経験してこなかった新たな感覚を味わって、脳と体のコミュニケーションの最適化を目指してください。

注意力が長続きできるようになる

イメージを持ちながら呼吸をする

1 鼻から息を吸い、頭頂部から息を吐く

2 頭頂部から息を吸い、口から吐く

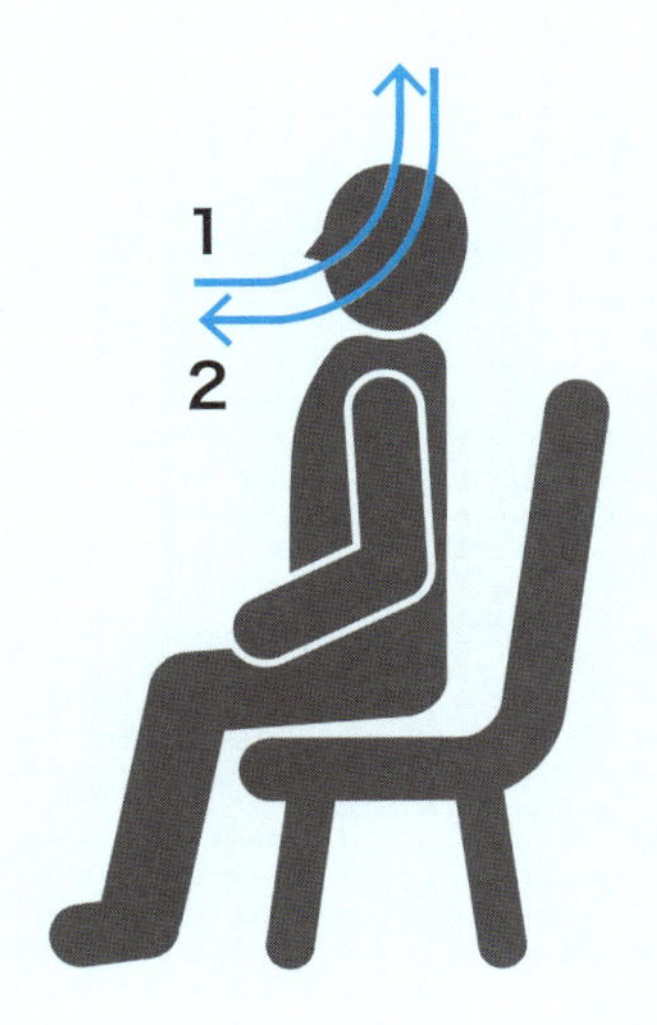

**身体スキャンで、脳と体の
コミュニケーションの最適化を目指す**

不安を減らし集中モードに入る

すぐに
できる度

0 1 2 3 4 5

意識に働きかけて心のストレスを減らす方法に、「注意訓練」があります。

これは「1つのことにとらわれすぎない心のつくり方」を学ぶトレーニングです。

注意の矛先を変えることが不得手な人は、一度ネガティブな感情にとらわれたらそこから抜け出しにくくなるのです。すると、悪いスパイラルに陥り、さらに気持ちが悪化することにつながってしまいます。

そこで、適度に注意を分散できるようにするのです。

これは、まさに本章のテーマの「注意力」を上げる訓練にうってつけです。

その方法は簡単で、効果が非常に高く、私も集中力トレーニングの一環として行っています。私の場合、自宅にいるときは「マインドフルネス」、外に出たときは「注意訓練」というように、トレーニングのタイミングを分けています。

まずは注意を向ける対象を用意します。いくつか候補があるなかで、よく使われて簡単にできるのが「音」です。

その音とは、周囲で聞こえるエアコンの音や自動車の走る音、雨の音、鳥の鳴き声といった環境音を指しています。

流れとしては単純です。

- **周囲の音から1つを選び、まずはその音に集中する**
- **次に対象の音を1つ増やし交互に集中を切り替える**
- **2つの音に対し、同時に注意を向ける**

という流れになります。

方法を具体的に説明すると、こうなります。

①その場所で聞こえる周囲の音から1つにしぼり、1分間ほどその音に集中する

②次にもう1つ音を追加して、その2つの音への注意の向きを交互に10秒おきに変える。トータル1分間行う

③今度はその2つの音に対して同時に意識を集中することを1分間続ける

私自身は①を3分間、②は30秒おきにトータル3分間、そして最後の③を3分間行っています。

方法としてはこれだけです。それぞれの時間は自分に合うように延ばしても問題はありません。

集中力のトレーニングとして、心が平穏なときに行ってもいいのですが、大事な場面に臨む直前などの緊張する場面であったり、急に不安な気持ちに襲われたり、いやな記憶が頭に浮かんできたりと、ネガティブな感情にとらわれそうになったときに、この「注意訓練」をすれば、意識を周りの音に移すことができ感情をやわらげることができます。

感情の切り替え法としても、「注意訓練」を利用してみてください。

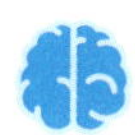

2つの音を使って、注意力を上げる

1

音を1つ選び、
1分間集中する

2

音をもう1つ追加して、
10秒ごとに交互に聞く

3

音を2つ同時に聞き、
意識を集中する

**注意の切り替えをできるようにし、
集中モードに入る**

逸れた意識を自分に戻す「呪文」をつくる

すぐにできる度
0 1 2 3 4 5

「注意力」を構成する力の1つに、**「逸れた意識を元に戻す能力」**があります。

普段からこれをトレーニングできないかと考えていたときに思いついたことがあります。

日常生活において、頭の中に自転車の車輪の「ハブ」のように、「これが自分の意識の軸だ」といえるものを持っている人はほとんどいないと思います。

それまでの私も、頭の中に浮かぶ思考は次から次に流れていくだけで、特にこれが自分の意識の中心だというものは正直なにもありませんでした。

そこで、すぐに意識を集めることができる目印のようなものをつくろうと考えたのです。

そうして思いついた目印が、**「短い文を声に出して繰り返す」**というものでした。

声に出す理由は、わかりやすくするためです。頭の中に文を浮かべるだけでは、他の思考にまぎれてしまい、注力することが難しくなるからです。その点、声に出すということは、その文を意識しないとできません。そこで、**「呪文」のように、言葉を繰り返す**ことを始めたのです。

次に、どんな言葉を設定するかです。

言葉は「言霊」というぐらいですから、ポジティブな文がいいことは、最初からなんとなくイメージできました。

そんなとき、ハーバード・メディカルスクールの研究結果が1つのヒントになったのです。

その研究結果とは、その人の信念に基づいた言葉を繰り返し声に出すことで、血圧と心拍数が低下して、ストレスをより早く下げることができるというものでした。さらにこれを繰り返すと、仕事の生産性や創造性も高めることができるという内容でした。

そこに加えて、第1章の「感謝の気持ちがストレスを減らす」で紹介した「感謝」の効用も同時に思い出しました。感謝の気持ちは、脳内に幸福ホルモンと呼ばれる「セロトニン」の分泌を促進するのです。

この2つに当てはまるような言葉にしようと決めました。

たとえば、神様を信じている人なら、「神様ありがとうございます」でもいいでしょうし、自分がこれを成し遂げたいという強い信念を持っている人なら、「わたしは◯◯ができる」でもいいと思います。

また、単に感謝の言葉「ありがとう」「ありがとうございます」「感謝します」などを繰り返してもいいのではないでしょうか。

この習慣を続けていくうちに、このトレーニングの目的であった注意力は、確かにアップしました。また、なにか不安を抱え、緊張しているときにも、これをつぶやくことによって、ネガティブな意識から気を逸らすことがうまくなってきます。

個人的には、記憶競技の前やテレビの収録で記憶のパフォーマンスを成功させなければならないとき、プレッシャーがかかるときには、控室でひとりになったときに、このポジティブワードを繰り返しています。

注意力を消費しないためにタスクは細かくする

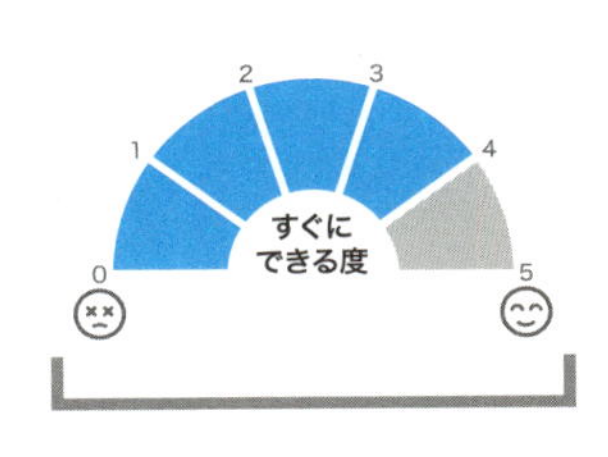

心理学の世界で「ザイガルニック効果」というものがあります。

これは、未完成の仕事や達成途中の目標があると、それらが頭の中でずっと気になり続けるという現象のことです。

人間には、集中して取り組んでいるタスクに関して、途中で中断したり、中断させられたりすると、それを完成しなければ気が済まないという心理が働くのだそうです。

そして、そのタスクがゴールを迎えると途端に、その効果は消えて頭の中に浮かんでこなくなるのです。

このザイガルニック効果を勉強などの習慣づけに利用すべきだと説いている書籍などを

目にしますが、その日の勉強を区切りのいいところで終わらせず、あえて中途半端な位置で終わらせるのです。

そうすることによって、ザイガルニック効果がはたらき、続きが頭の中でずっと気になっているため、完成させたいという欲求を次回始めるときのやる気に転化させ、スムーズに取り組むことができるというわけです。

確かにそういう利点もあるかとは思いますが、注意力の観点からすると、この方法は逆に弊害になるように思えます。

なぜなら、集中力のためには、心配事など無意識に注意をそちらに向けるような要因はなるべく排除しておくべき、と考えるからです。

ザイガルニック効果が働いているうちは、常に未処理の課題が気になります。

たとえば、別の何かに集中しているときに、ふとタスクの残りを処理したいという気持ちが浮かんできたとしたら、それは脳にとって注意力を消費するやっかいなノイズでしかありません。

そのため、**注意力を温存するためにも、日々のタスクは毎回ゴールを迎えてほしい**のです。

しかし、毎日きっちりタスクの区切りまでゴールを迎えるのは、かなり大変です。それはタスクの難易度や取り掛かれる時間が一定ではないからです。

ところが、これらを可能にする方法があるのです。それが**「タスクをできる限り細かく区切る」**ことです。

こうすることにより、短いスパンで達成可能な小さなゴールがたくさんできることになります。

難易度、時間がばらついていても、タスクを終わる位置がその日ごとに変わっても、常にゴールを迎えて日課を終えることができるのです。自分が区切りがいいと納得できれば、ザイガルニック効果は発動されることはありません。

このタスクや勉強の範囲、目標などを細分化してゴールをたくさんつくる方法は、それぞれのモチベーションを高めることにも関係してきます。

ですから、このゴールの細分化については、第3章の「モチベーションを高めて、集中力を高める」のところでもう一度くわしく紹介します。

第3章

「モチベーション」を高めて、集中力を高める

人は理由もなく何かに集中することはありません。

無意識に夢中になっているときでさえ、そこには「それをすること自体が楽しいから」といった自然にわき出てくる動機があります。

他にも、うまくいったときのごほうびや、「将来こうなりたい」といった具体的な目標などもがんばり続けることの動機となってくれます。

このような動機づけ、いわゆる「モチベーション」がうまく機能しているときは、活動に駆り立てる気持ちのエネルギーが高くなることからも、モチベーションとは集中力の源泉であると言えます。そして長期間、高いレベルで集中力を保つためには、マラソンのペースメーカーのような追いかける目印の存在が不可欠です。

ここからはその集中力を牽引するペースメーカーをつくるために、モチベーションの高め方、モチベーションがうまく働くための目標の立て方、モチベーションの性質を利用した習慣化の方法などを紹介していきます。

成長型マインドセットでモチベーションを持続する

すぐにできる度
0 1 2 3 4 5

モチベーションを語るうえで、「マインドセット」は外せません。ここで言うマインドセットとは、「自分の能力の成り立ち」をどう考えているか、そのとらえ方を表しています。

「能力とはやる気と努力で得られるものであり、生まれ持った才能はさらに成長させることができる」という考え方を「成長型マインドセット」と言います。

「成長型マインドセット」を持つタイプの人は、圧倒的にモチベーションが高いため、集中に入るスピードが速く、さらにそれを持続する力も優れています。

なぜなら、自分の能力を伸ばすことができると考えているため、現状からさらに能力を伸ばそうと、常に効率的に学習や練習をしたいと考えているからです。

すると、現在の自分の能力についての正確な情報が客観的にわかるようになってきます。

その結果、自分にとって適度な難易度で課題を設定することができるようになります。

難易度が高い課題を少しずつ繰り返すことにより、第1章でも紹介したフローに入ることを習慣にすることができてしまうのです。

フロー状態になることは一種の快感でもあるため、それが好循環をもたらし、モチベーションをも持続させるのです。


ここで成長型マインドセットになるために、**「ノート」をつけてみる**ことをおすすめします。


これは自分が行動した結果をすべて成功体験として、捉えるための練習です。

たとえば、一般的には失敗と見られることも、視点を変えればそこから新しいことが学べたと考えることができれば、それは未来に向かっては成功と言えるのです。

左側のページにはその日の自分の行動の結果を書き込みます。それが成功であれば、その右側のページに「成功」とだけ記します。

もし、あまりうまくいかなかったときや、ネガティブな感情が生まれてしまったときは、そこから何を学ぶことができたかというように視点を変え、右のページには「スムーズに進めるには◯◯が必要なことがわかったから成功」「自分の弱点が◯◯というのを知ることができたので成功」「自分には◯◯が向いていないことがわかったから成功」というように、すべて成功に変換できたことを記入するようにします。

これを続けていくうちに、**新しく何かに臨むときに、「この経験から学び取ることができるものは何か。ここからどうすれば自分を成長させることができるか」という建設的な意識を持つように変わっていきます。**

そうなれば、それは脳が成長型マインドセットに変わってきた証拠です。

ここまでくると、さまざまなものに対して、モチベーションが高くなった自分に気づくはずです。

成長型マインドセットに変わる

行動の結果	成功
●日課のウォーキング	➡成功
●締め切りに間に合った	➡成功
●英会話の体験教室に行った	➡ここの教え方は自分に合わなかったが、どんな教わり方が自分に合うのかイメージできた
●お客様から質問を受けた	➡ベストな回答ができなかったが、質問された内容に対する理解を深めることができた
●友人と会食をした	➡ダイエット中なのに少し食べすぎたが、楽しく心が豊かになったのでOK。明日すこし食事を控えよう

ノートに書いていくことで
モチベーションが高くなる

スムーズに取りかかるための儀式を用意する

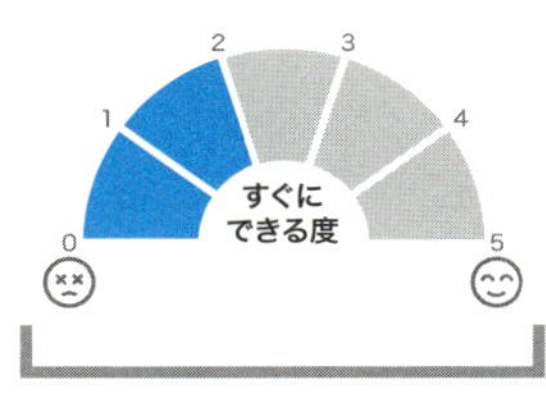

仕事や勉強に取りかかる際には、なんとなく始めるのではなく、最初から集中力が高い状態でスタートできればベストです。

毎回、この状態で始めることの積み重ねが、結果に大きな違いをもたらすからです。

最初から集中力を上げて取り組むことができるヒントがスポーツの世界にあります。

最近では有名になったので、「ルーティン」をご存じの方も多いでしょう。

ルーティンとは、本番直前に毎回決まった動作などを行う、ある意味儀式のようなものです。

特に、スポーツの世界でこのルーティンを使っている選手が多く存在します。

練習の段階から取り入れることで、本番においてもスムーズに競技に集中できるという効果があります。そこでアスリートたちは、このルーティンを**「集中力のスイッチ」**にしているのです。

心理学的にも、パフォーマンスの強化・向上につながることが明らかになっています。これは仕事や勉強を始めるときにも同じく有効に働きます。

ここから集中力アップのためのルーティンのつくり方を順番に説明していきます。

1 最初にポジティブな言葉を声に出す

これには単なるムードづくりではなく、ちゃんとした理由があります。

脳の中で言葉を話す役割の場所があるのですが、この場所はしゃべることと同時に体を動かすことも担当しています。そこで言葉を話すことでこの場所が刺激され、体も行動を起こす準備を始めるのです。

言葉の内容は、「これから集中するぞ」や「はじめから乗っていくぞ」などポジティブなものにします。

2 やる気がでるイメージを浮かべる

スポーツ心理学の権威、ジム・レーヤー氏は心理状態や行動をコントロールするために、イメージバンクをつくっておくことを提唱しています。イメージバンクとは、その映像を頭の中に浮かべると「リラックス」できたり、「やる気」を引き起こしたりできるイメージのストックのことです。

ここでは「やる気」を起こすイメージを使います。

これから行うこととの内容に関係なくても構いません。たとえば、「好きな歌手のイメージ」や「好きなスポーツ選手のプレイのイメージ」だったり、「自分がスピードを上げて車を運転している」など、やる気が刺激されさえすれば何でも大丈夫です。

3 最後に決まった動作をしてから作業を開始する

毎回、ルーティンの最後に同じ動作を設定しておきます。

この動作を繰り返すことにより脳がそれをスタートのスイッチと認識するようになってきます。

この動作も毎回同じであれば何でも構いません。「ノック式ボールペンをカチカチと2

回鳴らす」「パソコンの電源を入れる」「腕時計をさわる」など。私の場合は、音をシャットアウトするヘッドホンをつけることがこれにあたります。

ルーティンはそんなに大げさなものではありません。簡単に自身のルーティンをつくることができます。

これが長い目で見れば大きな差として現れるのですから、設定しておくに越したことはありません。

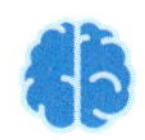

集中力が高い状態でスタートできる

1

ポジティブな言葉を声に出す

「これから集中するぞ」「はじめから乗っていくぞ」と声に出す

2

やる気がでるイメージを浮かべる

「好きな歌手の歌っている姿」「好きなスポーツ選手のプレイ」を思い浮かべる

3

決まった動作をしてから作業を開始する

「ノック式ボールペンをカチカチと2回鳴らす」「パソコンの電源を入れる」など、設定する

「集中力のスイッチ」を手に入れて、パフォーマンスの強化につなげる

人との競争ではなく、競争相手を自分にする

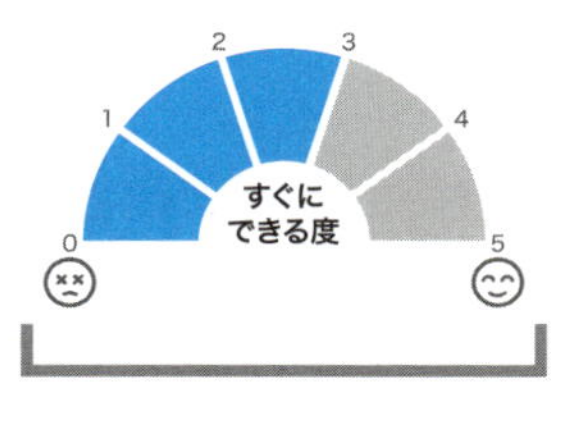

ライバルの存在が、がんばる原動力になることがあります。

「あの人もがんばっているのだから自分もがんばる」「あの人を目指してがんばるぞ」というように、気持ちを高めてくれる存在になってくれるからです。

しかし、モチベーションの視点から考えると、このライバルの意味をどうとらえるかで効果的かそうでないかが別れるので、注意が必要です。

モチベーションとしていい方向に働くのは、ライバルを仲間としてとらえた場合です。「仲間と楽しく仕事がしたい」とか、「勉強を一緒にしたい」という関係性のライバルであれば、その存在に引っ張られて、やる気を生みだすもととなります。

それに対し、マイナスに働くパターンは、「ライバルを競争相手ととらえる」ことです。相手との関係を勝ち、負けといった関係でとらえることです。

このことを調べたパズルを使った心理学実験があります。使用するパズルは形の異なる7つのブロックで、やり方によっていろいろな形に組み立てることができます。やさしすぎず難しすぎないように作られていて、これを解くこと自体に面白さを感じるようにうまくできています。

まず、被験者には、何も告げずにパズルを解いてもらったところ、パズルを解くこと自体に面白さを感じ、熱中していました。これは課題に対するやる気が内部から自動的に生まれている状態です。

次に、同じ被験者に、「ここでの課題は相手に勝つこと」「それは相手より早くパズルを解くことだ」と告げます。相手を打ち負かすことを目的にパズルを解いた被験者はたとえすべての対戦で相手に勝ったとしても、実験の終了後そのパズルに対する面白さは激減してしまったということです。

競争する状況になったことで、そのプレッシャーが「面白いから解きたい」という気持ちを失わせてしまったのです。

このように、モチベーションの設定として基本的に競争はマイナス効果なのです。

しかし、プラスに働く競争もあります。

それは、**「競争相手を自分にする」**ことです。自分との競争のいい点は、勝ち負けではないので、進歩が実感できることにあります。それがやる気をわかせるのです。

私が関わっている塾の方針は、「褒める」「叱る」をしない、です。その代わり、勉強は自分との競争だと徹底して意識させます。

計算問題であれば、タイマーを持たせて自分でタイムを測らせ、時間の短縮を自分で確認させるのです。そうすることで、外部からの影響ではなく、自分自身でやる気を出すようになり、自発的に練習をしていくようになるのです。


この自分との競争をうまくいかせるポイントは、**「記録をつける」**ことです。

先ほどの計算問題のタイムのように、**日々の課題に対して記録をつけることで、目に見えて進歩が実感でき、そのことがやる気を増幅させる**のです。そのため、必ず**記録は数値で表す**ことです。

数字で表すことにより、あいまいさをなくし、客観的な判断ができるからです。

特に、最初のうちは記録はどんどん伸びていきますから、勢いをつけてくれます。

続けていくうちに、進歩のスピードが遅くなったと感じるときがくるかもしれませんが、上達の過程では誰もが通る道ですので、気にせず続けることが大事です。

「記録をつける」ことは、目標達成、モチベーションの維持というように非常に多機能で有効な手段なのです。

目標を脳にロックオンさせる方法

すぐにできる度
0 1 2 3 4 5

モチベーションをキープし続けるために、脳に目標達成の意識を強く植えつける方法があります。

前にも少し書きましたが、皆さんの普段の行動は、無意識に行われていることがほとんどです。

何かを決定、決断しようとしたときに生じる意志は消耗しやすいため、脳がエネルギーを節約するために自動化しているからでしたね。

そんなとき働いているのが、**「潜在意識」**です。この潜在意識の力はとても強く、普段表にでている意識よりもはるかにたくさんのものを処理できます。

この**潜在意識に目標を刷り込むことができれば、普段の無意識の行動や思考も自然と目標に向かって近づいていく**ことになります。この潜在意識の力を大いに利用することにしましょう。

それには、**「私はこうなりたい」「これを実現したい」などと、潜在意識の入り口である脳にわからせることが大切**です。

今、私が皆さんに向かって、「頭の中にリンゴを思い浮かべてください」と言ったとします。

さて、皆さんの頭の中には何が浮かびましたか？

「リンゴ」という文字が浮かんだ人はいないはずです。写真やイラストのような映像が浮かんだのではないでしょうか。このように脳はイメージとの親和性が高いのです。

脳は言葉の情報よりもイメージの情報をより強くインプットします。たくさんのものを覚えることができる記憶術も、この性質を利用しています。

もう1つ、脳の面白い性質があります。

それは、「脳は実際見たものと頭の中でイメージとして見たものを区別できない」ということです。つまり、実際に目で見た映像も頭の中で浮かべたイメージも脳は同じ種類の情報としてとらえるということです。

これらの脳の特性をうまく利用して、自分が達成したい目標を潜在意識に落とし込むのです。

自分が実現したい目標を、まずは紙に書いてみましょう。

そして、日頃よく目にする場所に貼るか、または使っている手帳の中の目につきやすいところに書いておくのもいいかもしれません。

そしてそれを目にしたときには、**必ず頭の中にそのイメージを浮かべるようにする**のです。そのイメージとは、**「目標を達成している自分の姿」**です。

そうして何度も繰り返していくうちに、実際にはまだ実現していないのにもかかわらず、脳にとっては「未来の記憶」となり、それに向かって自動操縦されるのです。

モチベーションを長くキープする

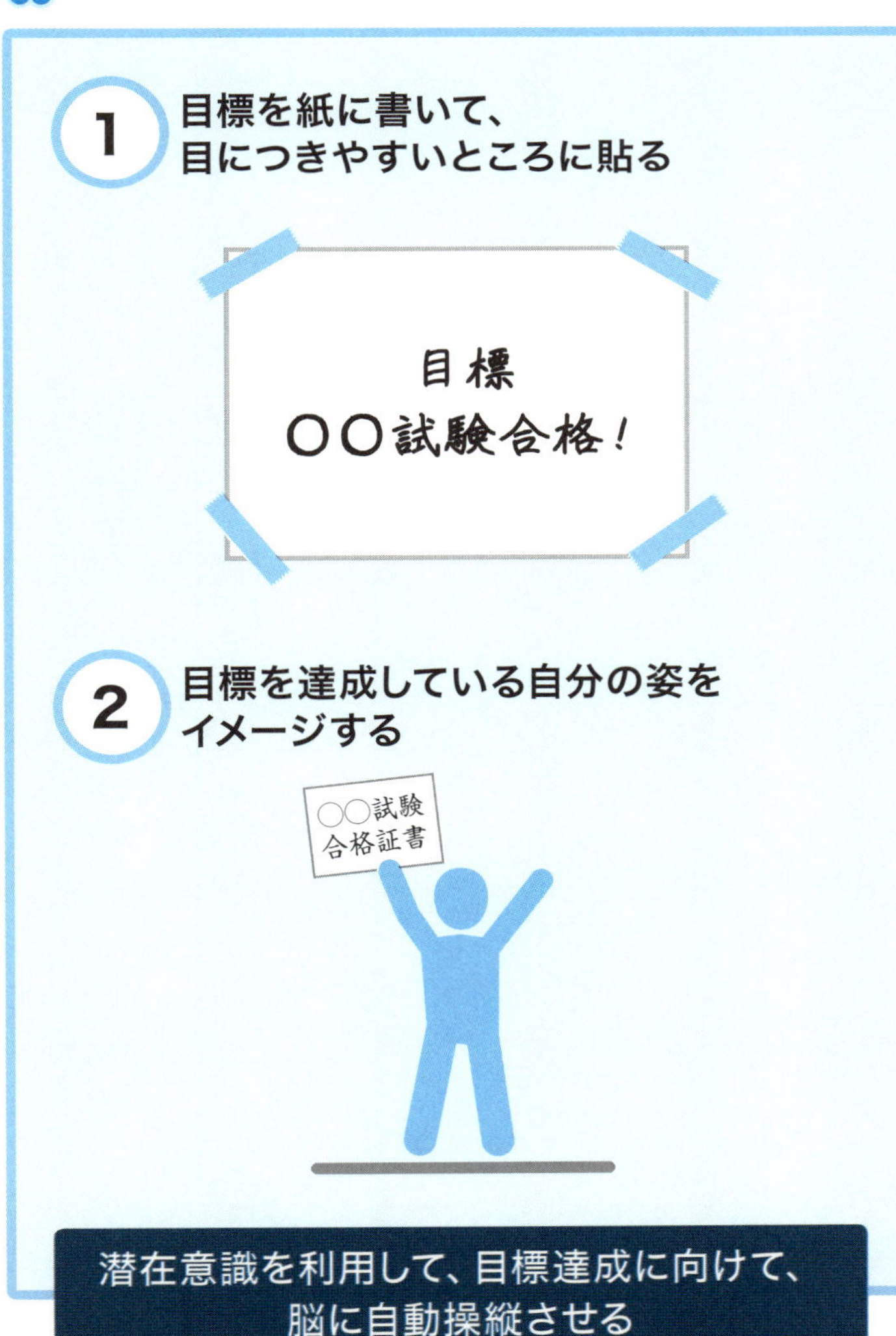
1
目標を紙に書いて、
目につきやすいところに貼る
目標
○○試験合格！
2
目標を達成している自分の姿を
イメージする
○○試験
合格証書
潜在意識を利用して、目標達成に向けて、
脳に自動操縦させる

目標達成のための強力な武器を手に入れる

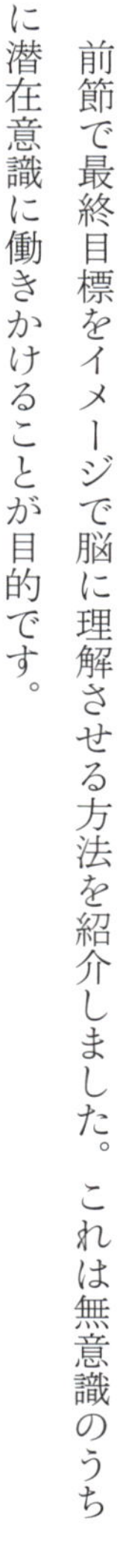

前節で最終目標をイメージで脳に理解させる方法を紹介しました。これは無意識のうちに潜在意識に働きかけることが目的です。

さらに、普段でも目標につながる日々の行動を確実に行うためのモチベーションを自動的に生みだす方法があります。

まずは**実行すべき日々の行動を具体的にしておく**必要があります。この具体化した行動を着実に実行することが達成につながるからです。

この方法は、私自身も非常に強力な武器として使っていて、目標を立ててそれに向かうときには必ず取り入れます。

心理学的にも効果が証明されているこの方法は、「ｉｆ－ｔｈｅｎプランニング」と呼ばれています。

「ｉｆ－ｔｈｅｎ」とは、「もし○○ならば、××をする」というように、ある条件になったら、必ずある行動をすると仮定して計画を立てるといったことです。

目標に向かっているなかで往々にして起こるのは、やるべき行動の機会を逃してしまうことです。

それは、仕事に追われたり、メールに気を取られていたり、といった他のことを考えているために起こることが多いようです。

こういった状況に陥らないようにし、確実に行動の機会をとらえるための方法が、この「ｉｆ－ｔｈｅｎプランニング」なのです。

何百という研究結果から、事前に「いつ」「何を」やるかを、はっきり決めておくだけで、やるべきことを忘れたり、先に延ばしたりせずにすむ確率は2倍から3倍も高くなることがわかっています。

この方法はとても簡単で、基本は次のようになります。

「（ｉｆ）もし〜という条件なら、（ｔｈｅｎ）そのときは〜という行動をとる」というふうに、具体的な行動をあらかじめ決めておくだけです。

いくつか例を挙げます。

（ｉｆ）　寝る30分前になったら
（ｔｈｅｎ）英単語を20個覚える。

（ｉｆ）　金曜日に仕事が終わったら
（ｔｈｅｎ）ジムに行き1時間トレーニングする。

（ｉｆ）　アイデアがひらめいたら
（ｔｈｅｎ）メモをとる。

という感じです。

このように条件を加えると効果が表れるのには、脳の性質が関わっています。**「Aならば B」という情報は脳に強く訴えかける**のです。それにより強く記憶することになり、**潜在意識の力も借りて無意識に条件に従って行動できるようになってくる**のです。

ただし、プランニングを設定するときに注意すべきことが1つあります。

それは行動を決めるときに、「〜しないようにする」や「〜をやめる」などのような否定の行動として設定しないことです。

脳はある思考をしないようにすると、かえって頭の中がその思考でいっぱいになってしまうからです。

禁煙をしたいときなどは、

（if）　3時の休憩時間のときは

（then）タバコを我慢する。

というような設定をすると、かえってタバコが頭から離れなくなり、逆効果なのです。

こういう場合は、

（if）　3時の休憩時間のときは

（ｔｈｅｎ）アメをなめる（またはガムをかむ）。

というように、やめたいことを考えるのではなくやりたいこと、やるべきことといった建設的な方向性をもった行動に設定するべきなのです。

この「ｉｆ‐ｔｈｅｎプランニング」は、今の私にはなくてはならないものとなっています。

皆さんにとっても間違いなくモチベーションを継続させるための強力な武器になることでしょう。

目標達成のためのif-thenプランニング

否定の行動は目標にしない

（if）　3時の休憩時間のときは
（then）**タバコを我慢する**

やるべきことを目標にする

（if）　3時の休憩時間のときは
（then）**アメをなめるorガムをかむ**

**無意識に行動できるように
脳に働きかける**

行動計画トレーニングで「やり抜く力」は高められる

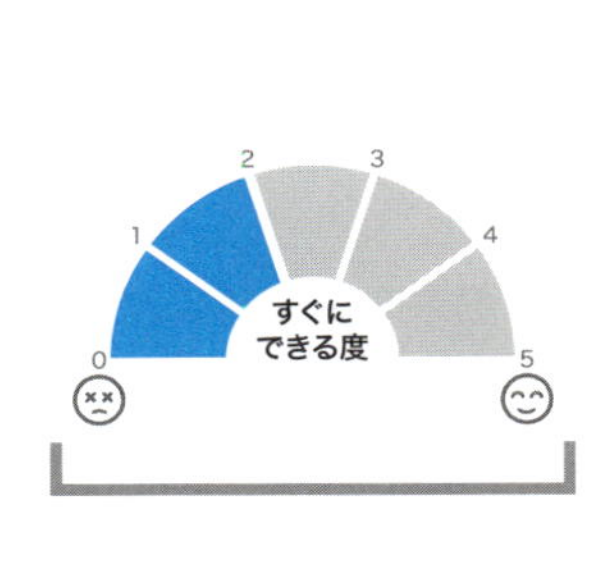

近年の研究で、人生における成功や満足を左右するのは、「才能」ではなく「やり抜く力」であると報告されています。

才能があっても、それを伸ばす努力を怠れば、最終的にはコツコツやり抜いてきた人の成功や幸福の総量には遠く及ばないということのようです。

このやり抜く力とは、要するに自己をコントロールする能力のことです。自制心と言ってもいいかもしれません。

ところが、人の欲求はとても強いので、それに反した「自分を律する」ことはそう簡単ではありません。

しかし、今、自分の自制心が低いと感じている人でも、この能力を鍛えることができます。なぜなら、**自制心も脳の働きにより生まれる**ものだからです。

これまで話してきたように、脳の変化する性質を利用すれば、自制心をコントロールしている脳の配線を強化することができるというわけです。

この鍛え方のコンセプトは、筋力を鍛えるのと似ています。筋力を鍛えるときは重い物を持ち上げるなどして筋肉に負荷をかけます。最初は軽いものから始め、徐々に重いものに変えていくことによって、その負荷に対応するための筋力がアップしていきます。

自制心を鍛えるのもこれと同様に、あえて気の進まないことをすることにより、精神的な負荷をかけていくのです。

この自制心を鍛える方法には、前節で紹介した「ｉｆ-ｔｈｅｎプランニング」が非常に有効です。

最初は欲張らずに挑戦することを1つに決めます。

たとえば、あまり乗り気ではないのだけれど、健康のためにはダイエットしなければいけないときは、

（ｉｆ）　もし、間食に甘いものが食べたくなったら
（ｔｈｅｎ）ナッツを４粒だけ食べる。
といったように、その条件になったら、元の目標（ここではダイエット）を実現するための具体的な行動の計画を立てておきます。

ダイエットなら「甘いものを我慢してやせてモテたい」など、誘惑に打ち勝って続ける価値のあるものを見つけ、それを実行していくことで自制心が鍛えられていきます。

昔から行動が性格を変えるなどと言われますが、「社交的になりたい」と願っていた被験者がこの「ｉｆ－ｔｈｅｎプランニング」を使った実験で、実際に友人を食事に誘ったり、パーティーに参加したりすることができるようになったそうです。

この自制心のトレーニングの流れは、次のようになります。

①抽象的な目標を決める（仕事の効率を上げたいなど）。
②その目標にあった行動を探す（朝の時間の利用など）。
③ｉｆ－ｔｈｅｎプランニングを設定する（朝５時にはメールの処理をするなど）。

④実行する。

最初は1つから始めるようにしてください。

この行動計画を使ってのトレーニングには、波及効果があることが知られています。1つの目標をうまくこなせるようになると、設定した目標以外で自制心が要求されるものに対しても、自己コントロールができるようになるようです。

とにかく最初の4分間、フル稼働する

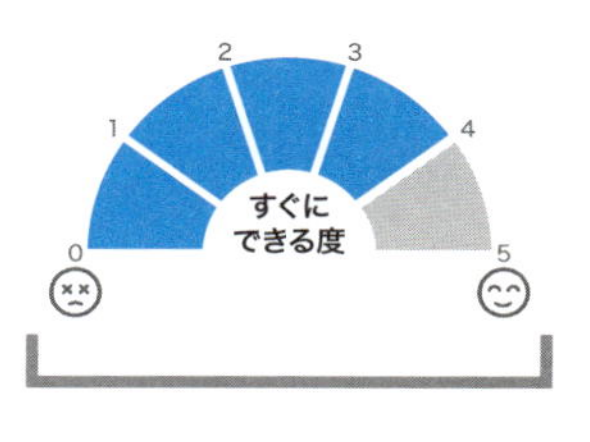

どうしてもやる気が出ないときでも、自動的にやる気を起こさせる奥の手が存在します。

脳の中のほぼ中心部にやる気を生みだす場所があります。この場所の神経細胞が活動するとやる気が生まれるのです。

しかし、このやる気細胞は、そのままではなかなか反応してくれないため、何らかの方法で刺激してやる必要があるのです。

そのための方法が、「とにかくやってみる」です。

「なんだ、そんなことか!?」と拍子抜けされたかもしれませんが、これがこのやる気細胞を刺激する一番の方法なのです!

皆さんもこんな経験はありませんか?

学校の課題や仕事での資料作りなどをやらなければいけないのにやる気がでない。でも、締め切りがあるので、とにかくノートやパソコンに文章を書きはじめているうちに、気づいたらやる気になって集中していた……というようなことが。

これがまさにやる気細胞が刺激された状態なのです。

やる気細胞は、「手足を動かす」「脳を使う」といった、実際に体と頭を使う作業をすることによって刺激されます。すると、脳の中でドーパミンという神経伝達物質が発生して、それによってやる気が出てくるのです。

この現象は心理学の世界でも認められています。

しかし、始めてからどのくらい頑張れば波に乗れるのか、その目安を知りたいところです。

これについては、アメリカの心理学者レナード・ズーニンが提唱した法則があります。

それが**「初動の4分間」**です。

物事を始めるときに、最初の4分間でうまく波に乗れると、その後を楽に進めることができるという法則です。物事に着手してからとにかく4分間は頑張って作業をし続けることが重要です。

しかし、気をつけなければいけない点もあります。この初動の4分間ですが、うまく波に乗れればいいのですが、波に乗れない場合は、その後ムダな時間を過ごすことが多いと言われているのです。

そうならないためには、ちょっとした工夫が必要です。

要は、**やる気細胞に刺激を与えればいい**のです。

それにはスタートの課題に深い思考が必要な難しいものを持ってこないことです。難しいものだとやる気細胞の活性化に必要な条件である、「体と頭の動き」が止まってしまいます。

私の場合は、記憶競技の練習で気分が乗らないときのために「百ます計算」のプリントを用意してあります。ほどよい難易度と時間でできるので脳にとっていいウォーミングアップになります。学生の勉強であれば数学の計算問題でスタートするようなものでしょうか。

また、本の原稿を書くときなども、すぐに書き始めるのではなく、すでに書いた途中までの原稿を読み込んでから書き始めるようにしています。読んでいるうちに本のテーマを思い出し、スムーズに思考の流れに乗ることができるからです。

このようにして、とにかく4分間体の動きを止めずに集中の波に乗るようにしています。

好きではない仕事を楽しくする方法

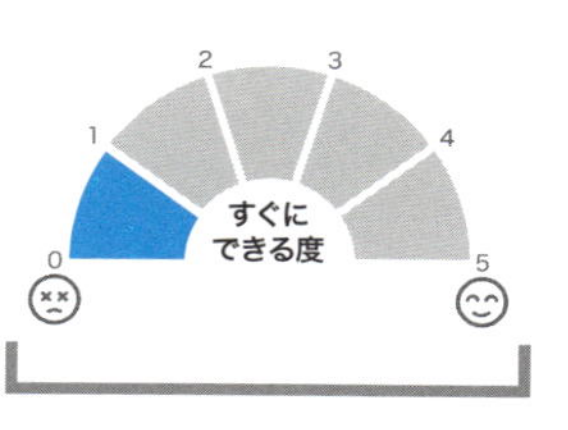

今の仕事にやりがいを感じて打ち込んでいる人は幸せです。しかし、世の中そんな人ばかりではないのが現実です。

やりがいを感じられなくて、不満やストレスをためたまま仕事をしていても決していい結果を生みません。

そんなときに自分の仕事を再定義して、モチベーションを取り戻す「ジョブ・クラフティング」という組織心理学の手法が注目されています。

仕事のとらえ方を見直すことで、「自分が仕事をコントロールしている」という感覚を高めることができます。

仕事にかぎらず、今の自分の立場を見直して新たな方向性を見出すのにとても有効なため、私もときどき使っています。

ジョブ・クラフティングを使って見直すポイントは次の3つです。

①人間関係
②仕事の定義
③仕事のやり方

この3つのポイントについて、今までとは違う視点から見直してみるのです。

1 人間関係

組織に属していようがフリーランスだろうが、人間は人との関わりなしに生きていくことはできません。付き合っている人たちとの関係性が充実していると、それ自体がやる気を生みだす要素になります。新たな人とのつながりができたり、今つながっている人でもさらに関係を深めたりすると、また気持ちがポジティブな方向に動き出すはずです。

まずは、**ノートに自分を中心とした人間関係を描いてみてください**。テレビドラマの紹介で出てくる人物相関図のようなイメージです。

全体を見渡して新しくつなげてみると、自分の世界を広げてくれる人が見つかったり、今つながっている人との付き合いのバランスを見直したり、いろいろアイデアが出てくるはずです。

2 仕事の定義

自分の仕事をどう捉えるかで、仕事に対する情熱に差が出ることを示す例で、有名な3人のレンガ職人の話があります。

ある旅人が道を歩いている途中で、レンガを積んでいる最中の3人の職人に出会います。

1人目の職人に「あなたは何をしているのですか？」と聞いたところ、その職人は「見ればわかるようにただのレンガ積みだ」と答えました。

2人目の職人に同じ質問をしたところ、その職人は「仕事で壁を作っているのだ」と答えました。

3人目の職人にも聞いたところ、この職人は、「歴史に残る大聖堂を作っているのだ」と答えました。

1人目の職人には、これといった目的はありません。2人目は生活のために働いている。3人目に至っては、世の中に貢献することが目的です。もちろん一番モチベーションが高いのは3人目の職人です。

人は往々にして、物事を自分だけの一人称の視点で見がちです。今の仕事も見方を変えると知らないうちに他のだれかにとても感謝されている仕事かもしれません。

想像力を働かせてみてください。そして、**新しい価値がみつかったら、それに合う新しい肩書きを個人的にどんどん増やしていきましょう。**「○○エキスパート」「○○アドバイザー」「○○アンバサダー」なんていいのではないでしょうか。

3 仕事のやり方

これは仕事のやり方やその範囲を見直すことです。

いい例がディズニーランドのキャストです。園内で働く人のことですが、清掃員もその仕事の範囲は清掃だけに留まりません。お客様の写真を撮ってあげたり、掃除用具を使って芸を披露したりと「お客様に喜んでもらうのが仕事」というほうが合っています。このように**仕事の内容をとらえ直したおかげでキャストのモチベーションはかなり高くなった**はずです。

実際に、ジョブ・クラフティングの考えを用いて仕事のモチベーションを上げている例があります。アメリカの中西部のある大病院で働く清掃員の人たちです。

彼らは自分たちを単なる清掃員と考えず「ヒーリング（癒やし）チーム」の専門職ととらえているそうです。そのため患者やその家族のためにティッシュペーパーを部屋に置いたり、コップに水をくんできたり、励ましの言葉をかけたりといったホスピタリティに関わる活動をして、自分たちの仕事に新たな意味を見出しているのです。

ポイントは**「誰かの役に立ちたい」**という思いかもしれません。

最近の心理学では、モチベーションの種類に、「人間には、他人と関わり合い、誰かの役に立ちたいという欲求」があるとも言われるようになってきました。

この視点で見直すと、皆さんの仕事や立場に新しい魅力が出てきます。

人は最初と終わりにやる気がでる

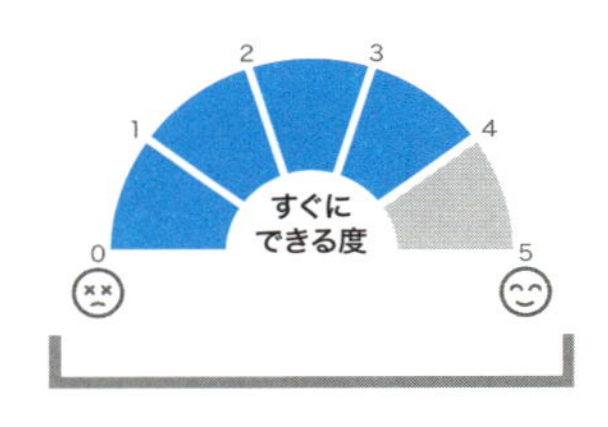

以前も紹介しましたが、私が出場している記憶競技の種目には、トータルで3時間ものあいだ、高い集中力を要求される競技があります。脳しか使わない競技ですので、その消耗度はかなりのものになりますが、毎回その条件で競技をしてきました。

私の長時間集中力の秘訣は、第1章、第2章で紹介してきたトレーニングによるところも大きいのですが、それに加えてある時間管理術を使うことでさらに効果を上げています。

その時間管理術のもとになっているのが、心理現象である「初頭努力・終末努力」です。

これは何かの作業や課題を長い時間行ったときに、全体を通してみるとやる気のピークが最初と終わりの時間帯になることを表している言葉です。

一般的に、一番高いレベルの集中力を持続できる時間は、15分から長くても60分といったところではないでしょうか。作業や課題に要する時間がこれを超えてしまうと最初と最後以外の途中の時間では、集中力が落ち、気を抜くとパフォーマンスが下がることになります。

このことはこの心理現象の存在を知識として知る以前から、実感していたことでした。

その頃、長時間の競技の対策を立てなければならないと考えていたのですが、そんなときに思わぬところからヒントを得ました。

それは塾での計算問題の演習でした。

制限時間を30分としていたのですが、終了までの時間を知らせたほうが最後の集中力が高まるのはわかっていました。なので、20分たったら「残り10分」「残り5分」と声掛けして終了を意識させるようにしていました。

それをあるとき、時間を「10分×3回」というように分けて行うことにしてみたのです。同じように残り時間を意識させるようにと声掛けしたのですが、1回10分なのでスタートするとすぐに「残り5分」がやってきます。そしてそれを3回繰り返したのでした。

結果は時間がトータルでは同じ30分にもかかわらず、問題をこなした量、正答率とも10分×3回のほうが高かったのです。つまり、時間を分けたほうの集中力が高かったことを示しています。

この結果が長時間集中を持続させるヒントになりました。

1つの長時間の課題と考えず、**いくつかの時間に分ければ、「初頭努力・終末努力」の恩恵が増える**ということです。

これを知っているか知らないかでパフォーマンスに差が出ます。やることはいたって簡単です。トータルの時間を自分でいくつかに分けるだけです。

たとえば、1時間の課題であれば、20分×3や30分×2、というように。

大事なのは、最初に決めた区切りの時間で、いったん必ずやめる意識を持つことです。

すると、リフレッシュされて、集中が続くのです。

「単純接触効果」を利用して習慣化する

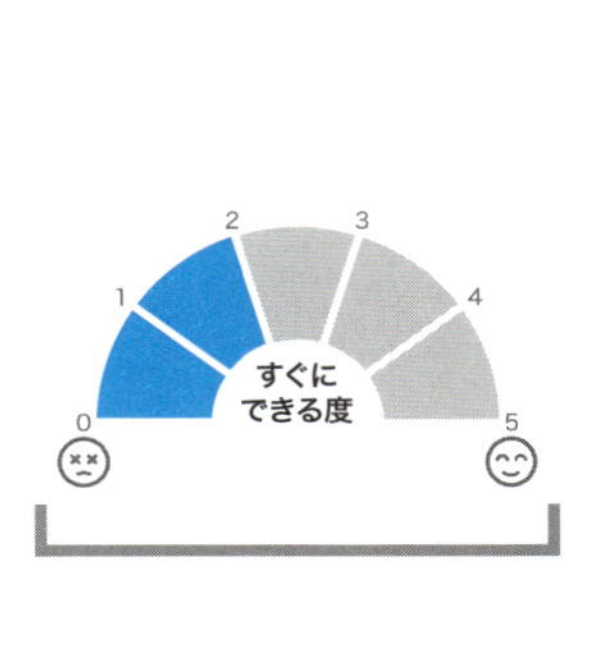

好きなことをするのであれば、当然それは楽しいことなので、内側からモチベーションが高まり、自然と打ち込むことができます。その結果、それに携わっている時間は効率・パフォーマンスの質の両面でも、非常に密度の濃い時間にすることができます。

しかし、人間好きなことばかりやっていられるわけではありません。必要にせまられて仕方なくやらなくてはならないものも存在します。

たとえば、それは健康のために必要なエクササイズであったり、仕事上どうしても欠かせない語学等の資格試験の勉強だったり、学生であれば普段の勉強という人もいるかもしれません。

どうしてもそういうものは先延ばしにしがちです。たとえ始めたとしても、気が乗っていないと、その時間の効率はよくないでしょう。

私の話になりますが、記憶力日本一になった後、国際大会に出場することを決めたため、英語をブラッシュアップしなければならなくなりました。

しかし、記憶力自体が向上して大会の成績に結びつくわけではないため、最初は乗り気ではありませんでした。

それでも大会の運営はすべて英語であり、また現地での海外選手との情報交換が自分の記憶テクニックのレベルアップには非常に重要なので、「英語学習が大好き」とまでは言えないまでも、せめて、いやいやではなく、あわよくば好きになることができないものかと考えたのです。

そして利用したのが「単純接触効果」という心理法則でした。

これは、アメリカの心理学者ロバート・ザイアンスが提唱したもので、何度も繰り返して接触するものは、好感度や評価等が高まっていくという効果です。

それからは毎日できるだけ英語に触れる機会を増やす工夫を取り入れました。英単語も単語帳ではかさばって持ち運びに不便なためスマートフォンアプリを利用したり、飽きないようにゲーム性のあるアプリも使ったりしました。

さらに、接触機会を増やすためにオンライン英会話のレッスンなども契約して毎日の日課にしました。すると、徐々に英語学習が好きになってくるから不思議なものです。

単純接触効果が起こる理由の1つとして、対象が今回の学習のような場合、何度も繰り返すことにより、処理がしだいに容易になっていくことが快感情をもたらすということがあるようです。

- とにかく対象との接触回数を増やす。
- 処理が容易になってくる。
- 単純接触効果により対象が好きになってくる。
- 好きなことなのでやる気が出る。
- 習慣化されてさらに接触回数が増える。

このような持続的モチベーションサイクルができてしまえば完璧です。

第4章

「コンディション」を向上させて、高い集中力を発揮する

第3章までは、内面をコントロールして集中力を高めることを目的にしていました。

しかし、集中力は外部からの影響にもかなり左右される能力です。外部の影響をコントロールするうえで、コンディションを向上させることは大事です。

外部からの影響とは、体調や睡眠といった生理状態やその場の環境から受ける刺激といったものです。

体調に関して言えば、必要なときに高い集中力を発揮できるための休息がとても重要です。

また、集中力が低下しがちなときも、意識して置かれている状況を変えることで、集中力を引き上げることができれば、生産性を向上させることができます。

雑然としている部屋より整理された部屋のほうが仕事がはかどることが想像できるように、集中力にとっては作業の環境も非常に重要です。そのときに環境から受ける視覚、嗅覚、聴覚といった五感からの情報も無視するわけにはいきません。

この章では、集中力をアップさせる日常のコンディションを向上させる方法を紹介していきます。

集中力を高めるベストな環境に身を置く

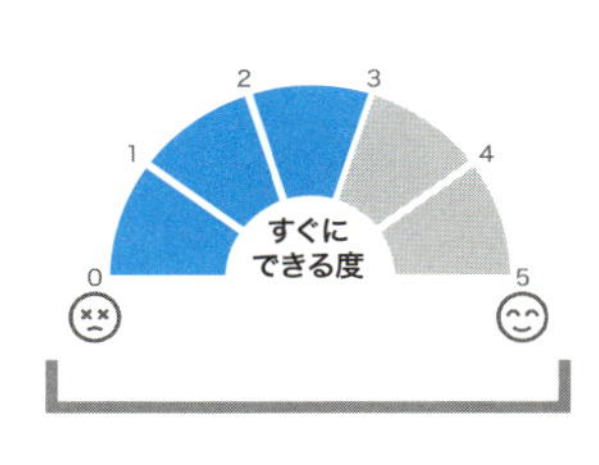

皆さんはどんな状況でいいアイデアが閃きますか？

私は「①シャワーを浴びているとき」「②ジョギングをしているとき」「③車の運転中」と不動の順番があります。

なぜ、このシチュエーションがいいのか、自分なりに分析したことがあります。

3つに共通するのは、その状況でやらなければならない行動が、「体を洗う」「走る」「運転する」というように、1つに限定されていることです。

すべて何度も繰り返してきて体に染み付いたものばかりです。

その行動は潜在意識により自動操縦されているため、脳が力を持て余していて、普段より思考が広がるからと考えています。

また、仕事や学校の課題で資料を作ったり、報告書を書いたり、原稿を書いたりするときに、仕事場以外で仕事がはかどるのはどんな場所でしょうか。

私は、電車や飛行機での移動中です。ほかには、カフェやコーヒーショップといったお店です。

ここにも、共通する条件があります。それが、**「強制的にその場に居続けなければならない状況」**ということです。

乗り物で移動するにしても、カフェで待機するにしても、そこに居続ける必要があります。

これらの例が、集中力を高めるベストな環境を教えてくれます。

最高の集中力を発揮するためには、マルチタスクをやめて、一度に1つのタスクを処理するというのが理想だといえます。そのためには自分から**いろいろなタスクが同時にできない環境へ追い込むことが必要**です。

さらに理想を言えば、そのタスクごとにカスタマイズされた場所に移動して作業をすることですが、現実的にはそれはなかなか難しいので、工夫するとすれば、資料などの整理整頓をしっかりしておくことです。

情報がいつでもすぐにとりだせる環境をつくっておけば、必要なときになかなか目的のものが見つからないというわずらわしさから解放され、タスクに集中することができます。

香りで心を整える

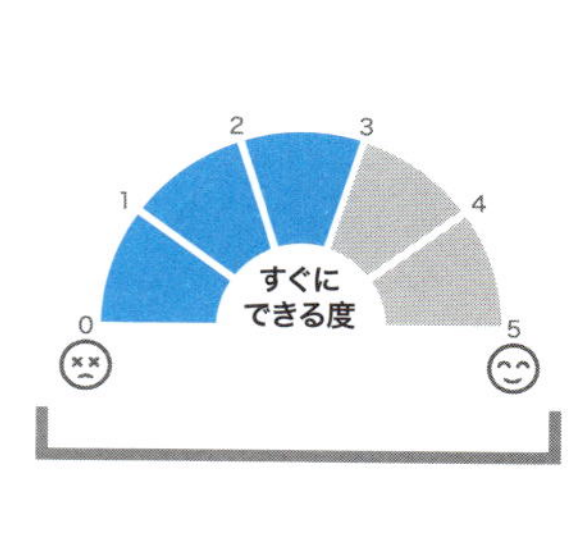

嗅覚は、他の視覚、聴覚、味覚、触覚と比べると、ある意味、特別な感覚といえます。脳への情報の伝わり方が独特なのです。

嗅覚以外の感覚の情報はある中継地点を経由して感覚中枢に入り、そこで情報処理されてはじめて、感覚として認識されます。

しかし、嗅覚はもう1つの伝達ルートを持っているのです。鼻から香りが入ったら脳の感情を生みだす場所に、ダイレクトに情報が伝わるというルートです。

この場所は、原始的な部分で情報解析などはできません。ですから、その情報の伝わり方が直接的で強烈なわけです。本人が意識するより早く体に何らかの作用を及ぼしているのです。

この場所は、記憶と感情に関わる部分でもあるので、香りが結びついた記憶も強く残ることになります。皆さんの中にも、ふとある香りを嗅いだら、急に昔の記憶がフラッシュバックした経験がある人もいるかと思いますが、それはこういう理由なのです。

香りとは、脳にダイレクトに伝わる情報のため、うまく利用するとさまざまな恩恵を受けることができます。

その効果を狙って行われているのが、アロマテラピーと呼ばれる香りによる自然療法です。

私自身もアロマオイルを利用しています。

デスクワークや記憶競技の練習のときなど、「ローズマリー」のアロマオイルを使って香らせています。**ローズマリーには、脳への血流を増やす効果があるので、集中力が必要なときにはぴったりです。**

同じローズマリーでも、記憶力アップの効果を狙って「カンファー」という種類を使っています。

集中力アップのためには、このローズマリー以外にも**「ペパーミント」**や**「レモン」**といったオイルも効果があります。

反対にリラックスしたいときのおすすめは、**「ラベンダー」です。ラベンダーにはストレスを減らし、睡眠の質を高める効果もある**ようです。

外出するときには器具を持ち歩くことはできないので、そんなときはアロマオイルをティッシュなどに染み込ませて嗅ぐとよいです。私も大会のときにはそうしています。

アロマオイル以外でも香りの効果を受けられるものはあります。

最近の研究で、「花の香り」には気分を高揚させる効果があることがわかってきました。特にこれといった種類に限定しなくても、自分が好きだと感じるものでいいそうです。

また、**「コーヒーの香り」には、リラックス効果がある**そうです。香りだけで効果があるようなので、飲むのが苦手な人でも大丈夫ですね。

集中力アップやリラックスするために、これらの香りを上手に利用してみてはいかがでしょうか。

音楽で脳のやる気を起こす

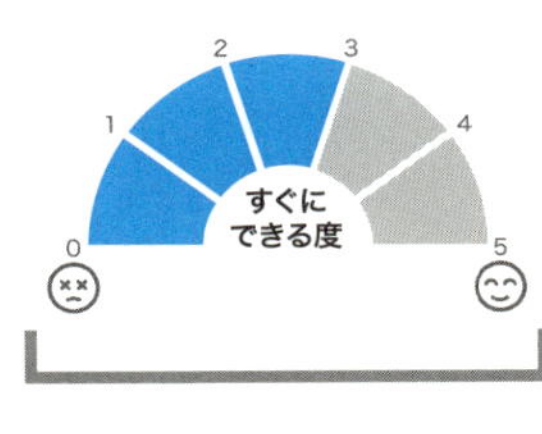

私は仕事中や勉強中、記憶競技の練習のときもまったく音楽をかけません。かけないどころか、ノイズを完全にシャットアウトするヘッドホンをつけているぐらいです。

個人的には、集中時の無音にこだわっているのですが、それには音響心理学が関係しています。

「音楽によって作業中の短期記憶が妨害されてしまう」という現象があるからなのです。

短期記憶とは数秒から数分ぐらいのあいだ、保持できる記憶のことですが、ほとんどの知的作業で、この機能は使われます。

たとえば、読書なども直前の情報が頭に残っているため、続けて理解しながら読み進めることができますし、仕事の資料作りにおいても、記憶そのものが必要な勉強のときなども、短期記憶が中心になって機能しています。

その影響を考えると、やはり知的作業時には音楽はかけないほうがいいのです。

ただし、作業に入る前であれば利用価値はあります。

自分にとって好きな音楽は、脳のやる気を起こす場所を刺激します。ここが刺激されると、ドーパミンという神経伝達物質が出て、やる気が生まれるのです。

そこで知的作業を行う直前まで好きな音楽を聴き、集中力を高めた状態で作業にとりかかるのです。スポーツ選手などが競技の直前まで音楽を聴いているのも、この効果を期待してのことでしょう。

しかし、なかには作業中でもＢＧＭが効率を上げてくれることがあります。

それは、これまで何度も行ってきて、慣れている課題をするときです。何度も繰り返して行ってきたことで、深く考えなくても脳が自動的に処理してくれるのです。

こういう状況では、**音楽を聞くことで集中力が高まるため、ミスが減り生産性が上がる**

そうです。そして、流すのに適しているのが「116BPM」の音楽です。

BPMとは、テンポを表す単位で、1分間に打たれるビートの数、拍数を示しています。

つまり、116BPMの音楽とは1分間に116拍のリズムを持つ音楽というわけです。

116BPM付近の有名な曲にマイケル・ジャクソンの「ビリー・ジーン」があります。

今では、インターネットで116BPMの曲が検索できますし、BPMから曲を選択できる音楽アプリもあるようなので、必要な方は調べてみてはいかがでしょうか。

目で集中力を操る

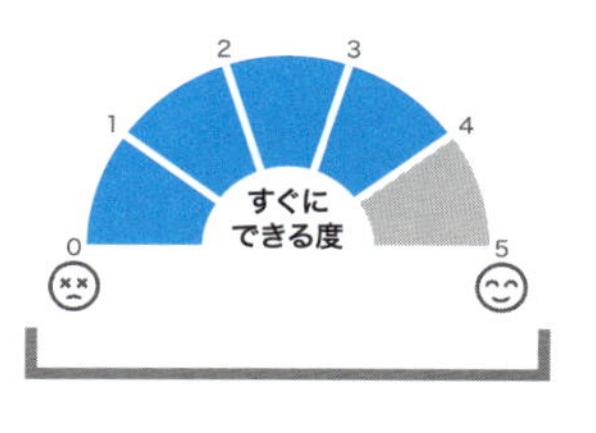

人の脳の中に入ってくる情報のうち約8割が視覚からの情報です。そのぶん、処理の量も増えることになるので、脳は視覚情報から受ける影響が大きいのです。

当然、その入り口を担っている目の役割は重要で、脳と非常に密接につながっています。密接につながっているために、反対に脳で生み出された思考やメンタルの状態に目は敏感に反応してしまうのです。

「目は口ほどに物を言う」とはよく言ったものです。

集中力にとっても、この目の働きはとても重要になってきます。

そこで、ここからは私が記憶競技用に考えだした目を使って集中力をアップさせる方法を紹介します。

「緊張しすぎているな」と感じたときに集中を取り戻すための方法です。

緊張しすぎて視野が狭くなった経験がある人はいませんか？

脳は通常たくさんの情報を同時に処理することができます。ところが、不安や緊張といった感情が脳の中で生み出されると、脳にとっては緊急事態のため、処理する情報を減らしてそれに対応しようとします。

視覚の情報も脳が処理の量を減らすため、眼球の動きも制限され、認識できる視野も狭くなってしまうのです。

こんなときには、第1章、第2章でも紹介してきた方法がここでも有効です。

それは、「体の動きでメンタルをコントロールする」という考え方です。

ここで必要になる体の動きとは「目の動き」です。目の動きを意識して操ることにより、メンタルも制御してしまおうというわけです。

方法はとても簡単です。

顔はまっすぐ前を見たまま動かさず、目を大きく開き目玉を円運動させます。視線は視界のいちばん外側のふちを通るように、ゆっくりと右回転で5回、それが終わったら反対方向に同じくゆっくりと5回視線をぐるりと回すようにしてください。

周りに人がいてできないときは、離れたところに映画館のスクリーンのような四角があると想定して、その四隅あたりにあるものをなんでもかまわないので視線の対象とします。4つの対象が決まったら、左上から右回転で順番にそれらに焦点をゆっくり移して行きます。これも右回転が5回終わったら、反対方向に5回転行ってください。

こうして目の動きのロックを解き、視野を強制的に広げ、それにより平常心に近づけることができます。

姿勢ひとつで、集中力が変わる

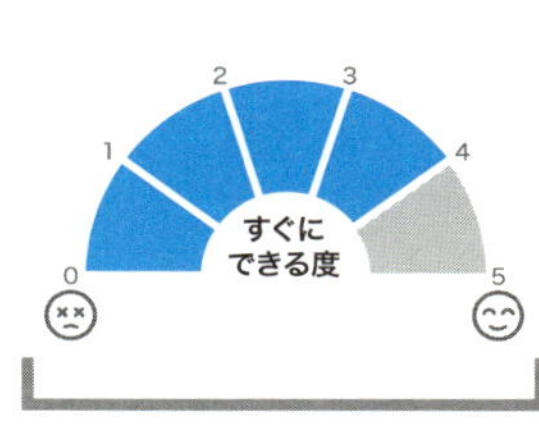

昔から教師や指導者が生徒たちに向かって、「姿勢を正しなさい」というのはよくある場面ですが、これは単に雰囲気の問題だけでなく、集中力を含む心理に実際に影響を与えます。

姿勢が心理に及ぼす影響を調べた興味深い実験があります。いろいろな座り方をしたときに、どのような気分になるかを調べたものです。

座り方は、「背筋、腰ともに伸ばす」型と「肩、腰を落とし、背中を丸める」型という2パターンとします。そして顔の向きを「上方45度」「正面」「顎を引き、うつむく」の3パターンとし、体の形と顔の向きを組み合わせて、計6パターンの姿勢で調べたそうです。

被験者にそれぞれの姿勢のときに、あらかじめ用意した気分を表す形容詞を使って評定してもらったところ、「背筋を曲げて顔を下に向ける」という姿勢が最もネガティブな気分になったそうです。

また、メンタルだけでなく、知的作業をさせる実験においても姿勢が影響するという結果が出ています。

ある条件にあてはまる単語をできるだけたくさん言ってもらうという実験では、背筋を伸ばしているときには脳の前頭葉が活性化したのに対し、うつむく姿勢のときは脳は活性化しないのです。

座るということに限定すると、このように姿勢をよくするのが正解なのでしょうが、私はそこにある改良を加えています。

座り続けていると、足はだいたい動かしません。しかし、足は血液循環のポンプの役割を担っているので、足を動かさないと血流が悪くなるのです。飛行機に乗ったときのエコノミー症候群の原因はこれです。それを防ぐためにも座る時間を少なくしようと努めています。

それ以上に座る時間を短くするのは、私が歩きながら考える癖を持っているからです。当然**歩くときも背筋は伸ばす**ようにしています。

歩いていると、不思議と後ろ向きでネガティブな考えは浮かんできません。それと先ほど言ったように足はポンプの役割を担っているので、歩くことで足の血液ポンプが働き、脳への血流が増え、それもいい効果を生み出しているのです。

こうして歩きながら頭の中で考え続け、ある程度アイデアがまとまってくるとメモをとり、また歩きながら考えるというのを繰り返しています。

さらに効果的な方法を紹介します。

私がおもに集中力を上げて仕事をする部屋には、大きなホワイトボードがあります。ホワイトボードに情報を書き込んで少し離れたところから全体を眺めることにより、答えを導き出したり、時には水平思考をしたりするのに使っていたのですが、いつの間にか歩きながら思いついたアイデアを書き込んでいくための大きなメモ帳としての役割が加わりました。

今の私の知的生産のときのルートは次のようになっています。

- 歩きながら、時には立ち止まって頭の中で発想を広げる。
- 何か思い浮かんだらホワイトボードに、単語、イラスト、長い文を書き込む。
- ある程度ホワイトボードに情報が集まったら、情報を整理してパソコンで清書する。

最初のうちは椅子に座ってパソコンに向かっていたのですが、集中のリズムが悪く、パソコンでの清書をするときでも立ったまま行うことにしたのです。

現在では、いろいろなメーカーから機能的なスタンディングデスクが発売されているようですが、なかなか欲しいサイズに調整できるものがみつからないため、現在私が使っているのはスチールラックです。ラックの棚の位置を立ったままパソコンが使えたり、紙に文字を書いたりできる高さに調整し、それをスタンディングデスクとして使っています。

立って仕事をすることの効用の研究結果がいろいろ発表されていますが、私としては**立ったまま作業をする大きな目的は、集中力のリズムを崩さないようにするため**です。**リズムを保つことで、長い時間集中力をキープすることができる**のです。

脳のパフォーマンスにいい食べ物を摂取する

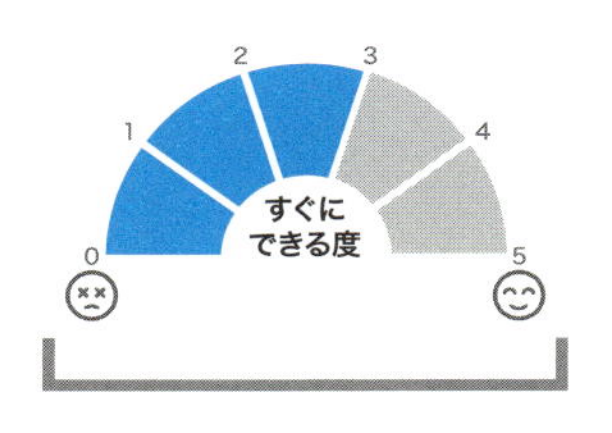

私たちは、さまざまな食べ物を取っていますが、脳の栄養はブドウ糖です。

血液中のブドウ糖の濃度を表す血糖値が低い状態では、脳に栄養が行き届かないため頭がぼーっとしてしまい、脳のパフォーマンスにも影響がでます。もちろん、集中力も例外ではありません。

ですから、糖の原料である、ご飯や麺類、パンなどの炭水化物を食事で取ることはとても大切なのですが、気をつけなければならないこともあります。

私も記憶競技の大会で何種目もこなしたあと、疲労で集中力が落ちているとき、一気に疲労を回復させるのにチョコレートをかじりますが、それは次の種目の競技時間が短いときに限定した緊急対策です。まさに、ここに重要なポイントがあります。
脳のパフォーマンスを向上させたり、回復させたりする効果があれば、もっと頻繁にブドウ糖を補給したほうがいいと考えられるかもしれませんが、長い目で見るとそれがかえって脳のパフォーマンスを落とすことにつながるのです。

そもそも、血糖値は急激に上がると、その後急降下するという性質を持っているからです。それでは、集中力も長続きしません。なので、私の場合、疲弊していて時間が短い競技のときにしか糖分を摂取しないのです。

集中力を長続きさせるには、血糖値が徐々に上がっていって適度な高さをキープし、その後、徐々に減っていくというかたちが理想なのです。

そのために、普段の食事でできることがあります。

血糖値は食物繊維といっしょに取ると急上昇を抑えられるので、ご飯などを食べる前に野菜を食べるのです。

また、食品はそれぞれＧＩ値というものがあります。これは血糖値の上がりやすさを示した値です。同じ**炭水化物でも白米より玄米、うどんよりそば、普通の小麦粉よりパスタに使われる「デュラムセモリナ粉」**のほうがＧＩ値が低いので、昼食時には低いほうを食べるようにすれば眠気防止対策にもなります。

間食時にも**甘いお菓子は避けるようにして、GI値が低いナッツ**などを食べるようにすれば、適度に血糖値を保つことができます。

集中力を保つためには、作業中の水分補給も大切です。

脳は80%が水分でできているので、微妙な水分バランスで、脳のパフォーマンスに影響します。補給するのは、カフェイン、糖分などの影響を考えるとやはりお薦めは水です。**水だけでも注意力や記憶力、メンタルにもいい効果がある**という実験結果もあります。

また、以前は話題にならなかったのですが、脳機能への効果から最近注目されている**「ビタミンD」**があります。

ビタミンDの主な働きには、「免疫の働きを正常にする」「集中力、記憶力をアップさせる」などがあります。

ビタミンDは食品で取る以外には日光を浴びることによって、紫外線の作用で皮膚でつくられますが、現代人は日光を浴びる量が減ってきているので、ビタミンDが慢性的に不足している人もいるようです。そんな人はサプリメントを利用するのもひとつの手です。

記憶力を鍛えると集中力も高まる

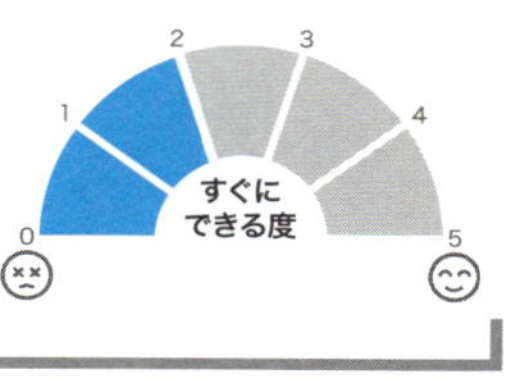

いろんな分野で活躍している人の中には、もともと集中力が高かったために成功した人もいるでしょう。しかし、その分野での技術や技能を伸ばしていくにつれて集中力も高まったという人も存在します。

私自身がそうです。どちらかというと、集中力はあまりないほうでした。記憶競技に出合ってトレーニングにより能力を高めていった結果、現在では自分の集中力にかなり自信を持つまでになりました。

特に良かったのは、**記憶力も集中力もどちらも脳に依存している能力**だったということです。

脳を調べていくうちにわかったのですが、**記憶力も集中力も鍛えるための脳の使い方は似たところが多い**のです。それにより、とても効率的に集中力が鍛えられたのです。

現在の科学では、脳は高い柔軟性を持った器官であることがわかっています。柔軟性とは必要に応じていつからでも変化することができる性質を表しています。

ですから、必ず記憶力は伸ばすことができるというマインドを持つことが非常に重要です。

記憶力を鍛えるステップは、３段階あります。

1 運動する

始めは**「運動」**です。

脳を健康に保つには運動が不可欠です。

運動といっても激しいものである必要はなく、ウォーキングぐらいの運動で充分です。

適度な運動が認知能力に必要な脳の神経細胞を増やしてくれるのです。

日々の運動により、まずは記憶力のもとになる脳の基本性能をアップさせます。

2 楽しむ

次に、「楽しいことを増やす」です。

記憶力アップのためには非常に重要な要素なのです。

脳の中で記憶の司令塔と呼ばれているのが、「海馬」と呼ばれる部分です。この場所が活性化すると記憶力はアップします。このすぐそばには「扁桃体」と呼ばれる部位があり、これは喜怒哀楽に反応する場所です。

感情が結びついた情報は記憶に残りやすいという性質があります。だから「思い出」は長く残るのですが、覚えるときにこの扁桃体がよく反応すればするほど、隣の海馬が刺激され記憶力がアップするという仕組みがあるのです。

そのために日頃から、友だちとの会話を楽しんだり、趣味に没頭したり、旅行に出かけたり、読書や映画を観て感動したりと感受性を豊かにする生活をすることが、扁桃体の反応を高めることにつながり、海馬を通して記憶力をアップさせるのです。

3 映像で覚える

最後は、「映像で覚えるトレーニング」です。

記憶力を構成する力として、「覚える力」と「思い出す力」の２つが存在しています。覚えていても思い出せなければ記憶力があるとは言えません。

「映像で覚えるトレーニング」をすると、この思い出す力が鍛えられるのです。方法は簡単です。しなければならないことを頭の中でイメージして記憶し、実行するのです。

たとえば、牛乳がきれてしまったので仕事からの帰りに買おうとしたとします。そのときに頭の中にお店で牛乳を買っている姿をイメージして焼き付けるのです。

銀行でお金をおろさなければならないときなども銀行のＡＴＭの前でお金をおろしている姿をイメージします。それ以外にも仕事のＴｏＤｏなどもスケジュール表に加えてイメージするようにしてみてください。そして、実際にそれらを実行することにより、思い出す力が強化されていきます。

イメージするときのポイントは、必ずその映像の中に自分を登場させることです。

今回紹介した方法を続けて記憶力を鍛えていくと、それに伴って集中力も必ずアップしていきます。

腸内環境が幸福感を高める

すぐにできる度
0 1 2 3 4 5

　これまでは集中力と脳に関する話がほとんどでしたが、ここでは「腸」についての話を紹介します。

　皆さんは、「腸を健康にすると幸せになれる」と聞いたらどう思いますか？

　腸は「第2の脳」と呼ばれるほど、すごい機能を持った臓器なのです。

　たとえば、傷んだ食べ物を食べてお腹をくだしてしまったり、極端な例では脳死になってしまった際も「自らの判断機能」によって腸は活動を続けることができるのです。

　そもそも、私が腸に興味を持ったのは、世界記憶力選手権に出場してある場面を見たことがきっかけです。

その日、スウェーデンから来たある選手はお腹の調子が悪かったらしく、競技中にもかかわらず競技委員を伴って何度もトイレに立っていました。

そのときの私は、「ああ、かわいそうに。競技中の限られた時間の中でこれだけトイレに行ったら時間はロスするし、集中もできないはずだ」と同情していたのです。

ところが3日間の大会が終了してみたら、なんとそのスウェーデン人選手がその年の記憶力世界チャンピオンに輝いたのです。

このときのインパクトはとても強く、これをきっかけに、体調と集中力の関係に興味を持つようになり、当然「腸」についても調べるようになったのです。

調べた結果、やはり**腸は集中力、厳密に言うと集中力を生むためのメンタルに対して影響力を持っていた**のでした。

以前も話に出てきた「セロトニン」、別名「幸福ホルモン」とも呼ばれる神経伝達物質は、脳内に分泌されるとメンタルを安定化させる集中力のためには欠かせない物質です。

実はこのセロトニン、脳内で作られる割合はたったの10％で残りの90％は腸で作られています。最近の研究から腸で作られたセロトニンが独特の方法で脳に影響を与えていることがわかってきています。

もともと腸と脳は、「迷走神経」という神経でつながっているのですが、腸で作られたセロトニンはこの迷走神経を刺激することで脳内のメンタルを司っている場所に直接命令を出してメンタルの安定化を図っているようなのです。

逆に、腸の調子が悪くなると体内に炎症が起きて、その情報が脳に伝わるためメンタルの状態も悪くなってしまうのです。

近年、腸と脳の学習機能に関係があるという可能性も示唆されてきているので、これからますます腸の健康は注目されると思います。

私自身は腸の健康のために意識して食物繊維を取るようにしています。食物繊維は腸の環境を整えてくれる働きがあるからです。

食べ物からでは不足しがちなので、粉末の状態で販売している水溶性食物繊維を利用しています。これを食事のときにお茶などの飲み物に入れて飲んでいます。これには血糖値の急上昇を抑え、食後の集中力の低下を防ぐ目的もあります。

集中力の波を活かして、パフォーマンスを上げる

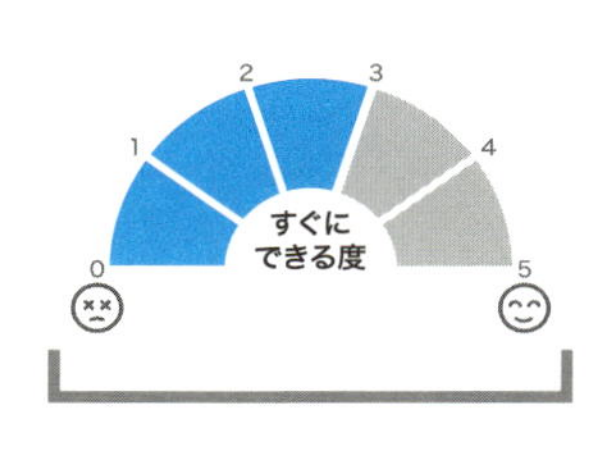

その日一日を通してみると脳のコンディションにはリズムがあり、集中力のレベルも変動を繰り返していて一定ではありません。

それならば、集中力の高まる時間帯を知ることができれば、その時間帯に合わせてタスクを行うことで、非常に効率的に作業を進めることができます。

そこで考えました。集中力の高まる時間があるということは、裏を返せば、集中力が低下する時間があるということです。

集中力が低下する原因を知り工夫することで、少しでも集中力を引き上げることができれば、生産性をさらに上げることができます。

この節では集中力が高まる時間帯とそれ以外の時間に集中力を引き上げる方法の両方を紹介していきます。

まず先に、**「集中力が高まる時間帯」**について説明します。

人間も動物ですので、動物としての生存本能を基準にして考えると、集中力との関係がわかりやすくなります。

動物にとって、生存のための重要課題は食料の確保です。原始時代においては狩りのときに一番脳が働く必要があったはずです。現代人の脳にもその性質は受け継がれているので、食事の時間帯を中心に考えれば、集中力のリズムをつかむことができます。

空腹といえば、まずは朝ですが、朝起きてから約4時間がよく脳が働く時間帯です。「社会生活基本調査」（総務省調べ）によると日本人の平均起床時間はおよそ6時30分ですので起きてから午前10時ぐらいまでが集中力が高い時間帯といえます。

その中でも**起きてから2時間は特に集中力が高い時間帯**ですので、この時間を有効活用できれば、さらに生産効率を上げることができます。

そして、**集中力が高まるもう一つの時間帯は、夕食前の時間**になります。**午後4時ぐらいから夕食までの時間が2回目の脳が働きだす時間帯**になります。学生などはこの時間帯を利用すれば勉強の効率を上げることができます。

このように一日の中で集中力が高まる時間帯は2度訪れます。この時間帯をうまく利用できれば、その相乗効果で高いパフォーマンスを発揮することができるのです。

次に、脳のリズムが低下している時間帯で効率を上げる方法について説明します。

ここまで紹介してきた食事の時間帯を中心としてみると、食事後が集中力が低下する時間だと言えます。それは先程の生存本能を基準にして考えるとわかりやすく、食事で食欲が満たされれば危機意識が低下するからです。

そうであるならば、そこから食事後も急激に脳の働きを低下させずにおくための工夫もできます。

それは**「満腹になるまで食べない」**ことです。満腹になると、脳は生命を脅かす危機が去ったと判断し、集中力のスイッチを切ってしまいます。それを防ぐために、まだ食べたいという気持ちがあるところで食事を終え、脳にまだ多少の危機意識を残しておくのです。

また、食事といえば、血糖値の問題もあります。

前に、食事で糖をたくさん取ると急に血糖値が上がった後、血糖値が急に下がることにより脳の働きを低下させるという話を紹介しました。昼食後眠くなってしまう人はもしかすると糖の原料であるご飯などの炭水化物を食べすぎているのかもしれません。

その意味でも炭水化物の量を控えることで食事後の血糖値が調整でき、脳の機能低下を防ぐことができます。

昼食を工夫して急激な能力低下を防ぐことができたとします。しかし、まだまだ集中力を引き上げる工夫の余地は残っています。

以前お話ししたように、何かを決断したり、決定したりするときに必要な意志は、使うたびに消耗していきます。午前中のタスクをこなしてきた脳はやはり消耗しているのです。ここでこの消耗を回復させる秘策を紹介しましょう。

それが「パワーナップ」と名付けられている15分〜30分の仮眠です。ある研究ではパワーナップをとることで、何もしないときに比べて、脳のパフォーマンスが34％も向上することがわかっています。

ただし寝すぎは禁物です。30分を超えて寝てしまうと、かえって疲労を増加させてしまうおそれがあるからです。

それを防ぐには、パワーナップの直前にコーヒーなどでカフェインを取っておくことです。

カフェインには興奮作用があります。しかし、すぐに効きはじめるわけではなく口に入れてから30分後に効果が表れます。これで寝すぎを防ぐことができます。

夜は、夕食の時間を過ぎたあたりから、一日の疲労もあるため、集中力は落ちてきます。体も睡眠に向かって活動量を徐々に落としていく時間帯です。

ところが、昼間の時間は外部とのやりとりに追われていて、誰にも邪魔されず、知的生産ができるのが、この時間帯だという人は結構いるのではないでしょうか。

ここでおすすめする方法が、**「座る、立つ、をひんぱんに繰り返す」**ことです。

私自身は夜に限らず一日中、スタンディングデスクを利用してなるべく座らないようにしているのですが、そこまでしなくとも、時間を決めてそのたびに立ち上がり、少し歩くとか、私のように立ったまま仕事ができる場所があれば、交互に仕事をするというのもいいです。

体の各部位は神経で脳とつながっています。しかし、脳が情報処理する量はすべての部位で同じではありません。

一番脳が処理する量が多いのは、「手」と「顔」からの情報で、次に多いのが「足」からの情報です。

立つことにより、足からの刺激が増えることで脳を活性化しようというわけです。裸足になると、さらに足裏からの刺激を増やすことができます。

このとき、「タイマー」を利用するとさらに効率アップにつながります。

座り続けて立ち上がるまでの時間は10分から30分ぐらいの設定がちょうどよいですが、そのときタイマーをいっしょにセットするのです。

それが心理学でいう「締め切り効果」を生み出します。締め切り時間を意識すると脳が危機感を増し、さらに集中度を増すのです。

睡眠は集中力の充電期間

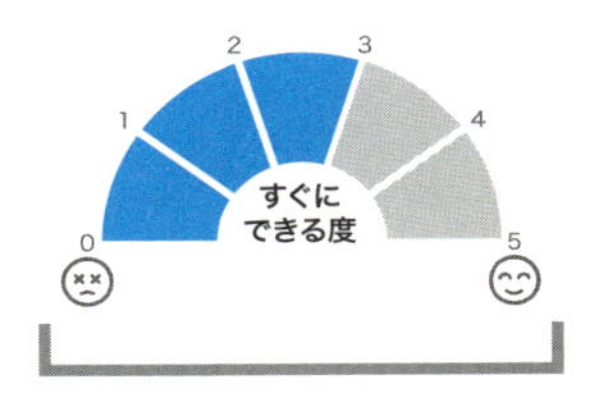

これまでいろいろお伝えしてきましたが、私が３６５日大事にしているのは、コンディションを左右する「睡眠」です。

私自身が睡眠を重要視する理由は次の３つです。

①集中力を補充する休息のため。
②学習内容の記憶の定着を促すため。
③健康寿命を延ばしたいため。

①の休息については、感覚的に理解してもらえるのではないでしょうか。

私も睡眠不足や眠りが浅いような質の悪い睡眠の次の日に、脳のパフォーマンスが落ちるのを経験したことが何回かあります。

そのうちの1つは、ロンドンで行われた記憶力大会で時差ボケのまま競技に参加したときは、まさに頭の中にモヤがかかったような感じでした。

この睡眠不足や質の悪い睡眠というのは本当に恐ろしく、この状態が続いている人は日中に何度も「マイクロスリープ」と呼ばれる状態に陥る可能性があります。

これは数秒程度の短い睡眠のことですが、数秒とはいえ、自動車を運転しているときなどにこの症状がでたら事故につながる非常に危険な状態です。

こんな状態になってしまったら集中力以前の問題です。

②の記憶についてですが、睡眠中というのは、前の日に頭に入れた情報を記憶に残すためになくてはならない時間なのです。

睡眠中に脳の中の記憶の司令塔である海馬が記憶の整理をしてくれているのです。この過程を経た情報が記憶として定着するので、徹夜の一夜漬けで勉強した内容などは次の日のテストが終わってしまえば、きれいさっぱりどこかへ行ってしまうのです。

③の健康寿命とは、単に長生きするだけでなく認知能力も含めた心身の健康上の問題がない状態で日常生活を送れる期間のことです。

睡眠時は、脳にとって重要な掃除の時間でもあります。寝ているあいだに、脳脊髄液（せきずい）によって老廃物が除去されるのです。その老廃物は、たまりすぎるとアルツハイマー病を引き起こすともいわれています。

このように生活の質をとても左右する睡眠ですが、だれにも共通の理想の睡眠とはどんなものでしょうか。

最近の研究で、睡眠時間は短すぎても長すぎてもいけなくて7時間ぐらいがちょうどいいとの報告もあるようですが、遺伝によってばらつきがあるため一概に時間で決めるのがベストとはいえないようです。

では、質の高い睡眠をとるためには何を目安にすればよいかというと、とにかく**寝はじめからの「最初の90分」の質を上げる**ことなのです。この90分の睡眠の質がよければ、残りの睡眠も比例してよくなるのです。

この最初の90分の質を高めるための鍵を握る一番大きな要素が「体温」です。

体温には体の表面の「皮膚体温」と内部の「深部体温」がありますが、よい眠りにつくためには深部体温が覚醒時より下がる必要があるのです。

体の内側の温度である深部体温は、まずは皮膚温度を上昇させて体の表面から放熱することによって下がりやすくなります。

そのために効果的なのが「入浴」です。

理想は眠る90分前に入浴を済ますことです。するとそこから徐々に深部体温も下がっていってスムーズに眠りに入ることができます。

また入眠時にはゆっくりした呼吸をすることもあわせて試してみてください。これにより副交感神経を優位にすることで効果が倍増されるはずです。

おわりに

前作の『世界記憶力グランドマスターが教える脳にまかせる勉強法』は覚えることに特化した勉強法についての本でした。

編集者さんとの打ち合わせや原稿の執筆を進めていくうちに、記憶力について考えれば考えるほど、「記憶力はもっと大きな力によって支えられている」と確信するようになっていきました。

その力が、本書で取り上げている「集中力」です。

担当編集者さんも同じように感じてくれていたらしく、前作が出版されてしばらく経ったある日、「池田さんは記憶力チャンピオンですけれど、その大本にあるのは集中力ではないですか。池田さんの集中術を紹介するのはどうでしょうか」という提案をいただき、それが本書のきっかけとなりました。

私には何か新しい考えや知識に出合ったとき、それらを身につける決まった手順があります。

記憶競技を始めたときもそうでした。世の中にはすでに記憶術の具体的な方法が紹介されていましたが、それを何も考えずに取り入れるのではなく、「このAという方法は要するにBである。Bは要するにCである。Cは要するに……」というように、まずは根本に存在する本質を見極めようとしたのです。

記憶術の場合、脳の記憶の仕組みまでたどりつき、「意志」「回数」「感情」という要素にたどり着くことができました。

本質を見極めておくと、内容の理解も容易になり、さらに自分でオリジナルの考え方や方法を作り出すこともできるのです。

本書で紹介した「集中力を鍛える方法」も同じように考え、集中力を構成している要素を見つけていきました。

こうしてたどり着いたのが本書で紹介した「メンタル」「注意力」「モチベーション」「コンディション」の4つの柱です。

そして、前作同様、それらの要素の鍵を握るのがやはり「脳」でした。

知れば知るほど、脳のすごさに圧倒されます。しかしながら、私自身も、まだまだこのすごい脳の力をすべて使い切っているとは思いません。

そのため本書で紹介したトレーニングをさらに続けていき、これからも脳にまかせていろいろなことに挑戦していきたいと思っています。

担当編集者の武井康一郎さん、前作同様、厳しくも温かいアドバイスをいただきありがとうございました。おかげで完成までこぎつけることができました。

そして、私が集中力の存在の大きさに気がつくきっかけをいただいたすべての皆様に心より感謝いたします。

最後に今回も最後まで応援してくれた家族に本書を捧げます。

２０１７年12月

池田義博

参考文献（順不同）

- 『なぜ本番でしくじるのか』シアン・バイロック著、東郷えりか訳、河出書房新社
- 『脳科学は人格を変えられるか？』エレーヌ・フォックス著、森内薫訳、文藝春秋
- 『スタンフォードの自分を変える教室』ケリー・マクゴニガル著、神崎朗子訳、大和書房
- 『マインドフルネスストレス低減法』J・カバットジン著、春木豊訳、北大路書房
- 『「香り」の科学』平山令明著、講談社
- 『人を伸ばす力』エドワード・L・デシ、リチャード・フラスト著、桜井茂男監訳、新曜社
- 『フロー体験　喜びの現象学』M・チクセントミハイ著、今村浩明訳、世界思想社
- 『スタンフォード式 最高の睡眠』西野精治著、サンマーク出版
- 『ビジネスマンのためのメンタル・タフネス』ジム・レーヤー、ピーター・マクラフリン著、高木ゆかり訳、CCCメディアハウス
- 『超人の秘密』スティーヴン・コトラー著、熊谷玲美訳、早川書房
- 『WILLPOWER 意志力の科学』ロイ・バウマイスター、ジョン・ティアニー著、渡会圭子訳、インターシフト
- 『ブレイクアウト！』ハーバート・ベンソン、ウィリアム・プロクター著、宮崎伸治訳、PHP研究所
- 『マインドセット「やればできる！」の研究』キャロル・S・ドゥエック著、今西康子訳、草思社
- 『やり抜く人の9つの習慣』ハイディ・グラント・ハルバーソン著、林田レジリ浩文訳、ディスカヴァー・トゥエンティワン

［著者］
池田義博（いけだ・よしひろ）
一般社団法人日本記憶能力育成協会会長。
大学卒業後、大手通信機器メーカーにエンジニアとして入社。その後、学習塾を経営。塾の教材のアイデアを探していたときに出合った記憶術に惹かれ学び始める。このとき、記憶力を競う記憶力日本選手権大会の存在を知り出場を決意。独学での練習の末、初出場した2013年2月の大会で優勝し記憶力日本一となる。その後、14年、15年と3連覇。17年も優勝し、出場した4回すべて記憶力日本一に。
また、13年12月、ロンドンで開催された世界記憶力選手権において、日本人初の「記憶力のグランドマスター」の称号を獲得する。
NHK総合「ためしてガッテン」や「助けて！きわめびと」、TBSテレビ「マツコの知らない世界」などのテレビ出演多数。
著書に、『世界記憶力グランドマスターが教える脳にまかせる勉強法』（ダイヤモンド社）がある。

世界記憶力グランドマスターが教える
脳にまかせる超集中術

2017年12月20日　第1刷発行

著　者——池田義博
発行所——ダイヤモンド社
〒150-8409　東京都渋谷区神宮前6-12-17
http://www.diamond.co.jp/
電話／03·5778·7232（編集）　03·5778·7240（販売）
装丁————鈴木大輔（ソウルデザイン）
本文デザイン—大谷昌稔
製作進行——ダイヤモンド・グラフィック社
印刷————勇進印刷（本文）・加藤文明社（カバー）
製本————川島製本所
編集担当——武井康一郎

ISBN 978-4-478-10458-3